Quiz de Marketing International

Culture Internationale – Exercices corrigés – Etudes de Cas

Claude LAVEINE

Du Même Auteur

La Vie Epatante de l'Agent Secret Duchemin – Tome 1
Il Faut Sauver l'Agent Secret Duchemin – Tome 2
Agent Secret Duchemin – Mission Lune – Tome 3
Au Temps en Emporte l'Agent Duchemin – Tome 4
Le Fabuleux Destin de l'Agent Duchemin – Tome 5
Agent Secret Duchemin – En Avant Mars – Tome 6
Agent Secret Duchemin – A Mars Forcée – Tome 7
Agent Secret Duchemin - Un Héros Français -Tome 8
Agent Secret Duchemin-Opération Rédemption-Tome 9

Agent Secret Duchemin - Trilogie N°1 - Tomes 1-2-3
Agent Secret Duchemin - Trilogie N°2 - Tomes 4-5-6
Agent Secret Duchemin - Trilogie N°3 - Tomes 7-8-9

L'Effarante Aventure de Brian Tabernak – Tome 1
L'Incroyable Attaque de l'Agent Tabernak – Tome 2
La Terrible Traque de l'Equipe Tabernak – Tome 3
L'Equipe Tabernak Contre-Attaque – Tome 4
L"Epopée Tabernak - Tomes 1-2-3-4

Des Agents pas très Secrets – Opération Esturgeon
Des Agents pas très Secrets – Mission Caméléon
Des Agents pas très Secrets – Maudite Météorite
Des Agents pas très Secrets - Trilogie N°1 - Tomes 1-2-3

Constantin Dumoulin – Panique sous les Tropiques
Constantin Dumoulin – Branle-Bas de Combat aux USA
Constantin Dumoulin – Secret Fatal au Lac Baïkal
Constantin Dumoulin - Trilogie N°1 - Tomes 1-2-3

Robin Dubois – Sans Froid ni Loi – Tome 1
Robin Dubois – Espion malgré moi – Tome 2

La Saga Robin Dubois - Tomes 1-2

The Exciting Life of Secret Agent Duchemin – Volume 1
The Amazing Adventure of Brian Tabernak – Volume 1
The Incredible Attack of Agent Tabernak – Volume 2
The Tabernak Trilogy - Volumes 1-2-3

Quiz de Marketing – Tome 2
Quiz de Marketing International
Quiz de Management Commercial
Best of Quiz Marketing

Comment s'autopublier en une journée ?

Marketing Quiz
Marketing Calculations

Certaines informations de ce livre sont purement anecdotiques et imaginaires. Toute ressemblance avec une personne physique ou morale existante ou ayant existé est purement fortuite.

Copyright©2020 Claude LAVEINE
Tous droits réservés.
ISBN-13 : 9798647992383

Table des matières

Du Même Auteur 5

Notes Personnelles 13

Culture Internationale 15

Calculs de Marketing International 20

Marketing International 27

Transport-Logistique 39

Culture Economique 60

Jeux de Géographie 73

Culture Européenne 88

Négociation Internationale 108

Marketing International 112

Culture Internationale 126

Etudes de Cas 133

Du Même Auteur 138

Notes Personnelles

Culture Internationale

Vrai-Faux

.La France est aujourd'hui le sixième exportateur mondial en volume derrière la Chine, les Etats-Unis, l'Allemagne, le Japon et les Pays-Bas:

.Le déficit de la balance commerciale française pour l'année passée a été de plus de 60 milliards d'euros:

.1 % des entreprises exportatrices réalise 70 % du C.A de l'export:

.Seules 22 % des PME recourent à des aides publiques lorsqu'elles entament un développement international:

.E.T.I signifie Entreprise de Travail Intérimaire:

.V.I.E signifie Volontariat Intermittent Pour Entrepreneur:

. Quel organisme d'aide à l'exportation correspond à ces caractéristiques:

.Implanté dans 70 pays, accompagnement des PME et ETI à l'export, mise en relation d'affaires, prise de contact commercial entre société française et partenaire étranger, orientation vers des marchés stratégiques:

.Prévention des risques à l'international avec trois types d'assurances: prospection, crédit et change – analyse financière des partenaires commerciaux des entreprises françaises, gestion des impayés:

.Financement des PME françaises à l'exportation, garanties financières de projets à l'international:

.Fédération d'opérateurs spécialistes du commerce international: sociétés de négoce, agents export, société de gestion export:

.4000 membres bénévoles dans 140 pays, partage des expériences, recherché d'opportunités à l'étranger:

.Quel est le taux de croissance moyen des pays émergents (BRICS): 7 % - 14 % - 17 %

.Les nouveaux pays émergents sont désormais:

la Colombie – la Pologne – la France – l'Indonésie – les Philippines – la Belgique.

.D'après la COFACE, le risque pays compte 7 graduations: A1, A2, A3, A4 B, C, D.

Si un pays est noté "D", cela signifie que le risque d'impayés est: inexistant – modéré – élevé – très élevé.

Vrai-Faux

.Les Etats-Unis, le Canada et l'Australie sont classés "A1" (risque économique très faible):

.Le Vénézuela, la Lybie, l'Iran sont classés "D" (risque économique très élevé):

.La France est classée "A3" (risque économique très modéré):

.Une PME primo exportatrice signifie que l'entreprise:

exporte des produits primeurs – est la première sur son marché – exporte pour la première fois

.Quel est le premier investisseur étranger en Pologne:

l'Allemagne – la Luxembourg – la France

(*Us et Coutumes – Vrai/Faux*)

.En Turquie, les Stambouliotes âgés de 50 ans ou plus sont souvent francophones:

.Il est obligatoire d'avoir un partenaire local pour s'implanter sur le marché turc:

.En Indonésie, dire non est impoli, oui mais correspond à un refus:

.Dans un pays musulman ou hindou, la main gauche est impure, ne pas l'utiliser pour une poignée de main ou à table:

Réponses

.La France est aujourd'hui le sixième exportateur mondial en volume derrière la Chine, les Etats-Unis, l'Allemagne, le Japon et les Pays-Bas: *Vrai,*

.Le déficit de la balance commerciale française pour l'année passée a été de plus de 60 milliards d'euros: *Vrai,*

.1 % des entreprises exportatrices réalise 70 % du C.A de l'export: *Vrai,*

.Seules 22 % des PME recourent à des aides publiques lorsqu'elles entament un développement international: *Vrai,*

.E.T.I signifie Entreprise de Travail Intérimaire: *Faux, de Taille Intermédiaire, de 200 à 5000 salariés,*

.V.I.E signifie Volontariat Intermittent Pour Entrepreneur: *Faux, Volontariat International en Entreprise,*

.Quel organisme d'aide à l'exportation correspond à ces caractéristiques:

.Implanté dans 70 pays, accompagnement des PME et ETI à l'export, mise en relation d'affaires, prise de contact commercial entre société française et partenaire étranger, orientation vers des marchés stratégiques: *UBI France (Ministère de l'Economie), renommé Business France,*

.Prévention des risques à l'international avec trois types d'assurances: prospection, crédit et change – analyse financière des partenaires commerciaux des entreprises françaises, gestion des impayés: *COFACE, Compagnie Française d'Assurance pour le Commerce Extérieur.*

.Financement des PME françaises à l'exportation, garanties financières de projets à l'international: *Bpi France – Banque Publique d'Investissement.*

.Fédération d'opérateurs spécialistes du commerce international: sociétés de négoce, agents export, société de gestion export: *OSCI,*

.4000 membres bénévoles dans 140 pays, partage des expériences, recherche d'opportunités à l'étranger: *CNCCEF, comité national des conseillers du commerce extérieur de la France,*

.Quel est le taux de croissance moyen des pays émergents (BRICS): 7 %,

. Les nouveaux pays émergents sont désormais: *la Colombie – la Pologne – l'Indonésie – les Philippines,*

.D'après la COFACE, le risque pays compte 7 graduations: A1, A2, A3, A4 B, C, D.

Si un pays est noté "D", cela signifie que le risque d'impayés est: *très élevé.*

.Les Etats-Unis, le Canada et l'Australie sont classés "A1" (risque économique très faible): *Vrai,*

.Le Vénézuela, la Lybie, l'Iran sont classés "D" (risque économique très élevé): *Vrai,*

.La France est classée "A3" (risque économique très modéré): *Vrai.*

.Une PME primo exportatrice signifie que l'entreprise: *exporte pour la première fois,*

.Quel est le premier investisseur étranger en Pologne: *la France.*

(Us et Coutumes – Vrai/Faux)

.En Turquie, les Stambouliotes âgés de 50 ans ou plus sont souvent francophones: *Vrai,*

.Il est obligatoire d'avoir un partenaire local pour s'implanter sur le marché turc: *Vrai,*

.En Indonésie, dire non est impoli, oui mais correspond à un refus: *Vrai,*

. Dans un pays musulman ou hindou, la main gauche est impure, ne pas l'utiliser pour une poignée de main ou à table:*Vrai.*

Calculs de Marketing International

A/ BioTop souhaite participer au salon Alimentaria de Barcelone afin de convaincre la centrale d'achat des hypermarchés espagnols SuperMercado. Calculer le coût global de cette opération.
. Participants : 1 directeur commercial et 2 attachés commerciaux,
. Inscriptions au salon Alimentaria* : 299 €,
. Stand* : 5900 €,
. Avion : 279 € (aller retour Nantes-Barcelone sur une compagnie low cost),
. Hôtel : une nuit plus petit déjeuner, 49 €,
. Arrivée le lundi 1er avril à 11h et départ le dimanche 7 avril à 9h,
. Repas (coût unitaire, midi et soir) : 29 € par repas,
. Taxi* : 119 €,
. Produits de dégustation* : 1860 €,
. Hôtesse bilingue* : 759 €,
. Brochures publicitaires* : 1319 €,
. Buffet gratuit sur le stand* : 1249 €.
*Forfait global.

A/ *Corrigé* :
. *Avion : 279 x 3 = 837*
. *Hôtel : 49 x 6 nuits x 3 personnes = 882*
. *Repas : 29 x 2 repas x 6 jours x 3 personnes = 1044*
. *Total : 2763*
. *Total de l'opération : 14 268 € (2763 + coûts forfaitaires).*

B/ Le concessionnaire MotosFrance achète des Hurley-Dujohnson aux Etats-Unis. Le prix FOB New York a été fixé à 29000 dollars américains (USD).

Le transport maritime de New York jusqu'au port du Havre coûte 2900 dollars.

Le transitaire américain est rémunéré 790 dollars. Les droits de douane applicables à l'importation dans l'Union Européenne sont de 15% de la valeur commerciale de la marchandise.

La TVA applicable à l'importation est de 20%.1 USD = 0,73 €.

Quel montant devra payer MotosFrance pour commercialiser ces motos américaines en France ?

B/ *Corrigé* :

. FOB, free on board. Le vendeur paye les frais d'acheminenemt jusqu'au port de New York.

Le risque de transport est transféré à l'acheteur dès que le conteneur est stocké sur les quais du port de New York.

. Livraison au port du Havre : 29000 + 2900 + 790 = 32690 USD

. 32690 USD x 0.73 = 23863.7 €

. 23863.7 x 1,15 (droits de douane à l'importation) = 27443,25 €

. 27443,25 x 1,2 (TVA à l'importation) = 32931,9 €.

Le montant total à payer par l'importateur français est d'environ 32932 €.

La TVA est toujours payée par l'importateur. L'exportateur est exempté de TVA.

C/ Un attaché commercial de l'entreprise SuperGreen tente de prospecter le marché du Benelux

(Belgique, Pays-Bas, Luxembourg) afin de commercialiser des plats préparés sans pesticides.

Sa rémunération fixe est de 1000 € par mois. Il perçoit un remboursement kilométrique de

0.5 € par kilomètre et parcourt environ 4000 km par mois.

Une semaine il visite des clients de sa région en France, une semaine il visite des clients au Benelux.

Pour ses déplacements au Benelux, il perçoit un remboursement de 50 € par nuit d'hôtel. Ses frais de restaurant ne sont pas remboursés.

SuperGreen doit payer 50% de charges patronales sur les salaires versés.

L'attaché commercial effectue ses visites du lundi après-midi au vendredi matin inclus.

Il rencontre en moyenne 3 clients par demi-journée et signe environ 3 commandes pour 4 visites.

Il est en stage une semaine par an et part en congés payés 5 semaines par an.

1/ Calculer le coût d'une visite de cet attaché commercial.

2/ Quel est le montant moyen d'une commande afin d'atteindre le seuil de rentabilité ?

(Marge unitaire : 8%).

C/ *Corrigé* :
1/ Coût d'une visite :
. *Fixe : 1000 x 1,5 (charges patronales) x 12 mois = 18000*
. *Frais de voiture : 0.5 x 4000 x 10,5 mois (12 mois – 6 semaines d'absence) = 21000*
. *Frais d'hôtel : 50 x 4 nuits = 200 x 2 semaines par mois x 10,5 mois = 4200*
. *Total : 43200 €*
. *Nombre de visites : 3 clients x 8 demi journées x 4 semaines x 10,5 mois = 1008 visites*
  43200 €/1008 visites = 42,85 € par visite.

2/ Seuil de Rentabilité :
. *Une visite coûte 42,85 €, une commande coûte 57,13 € (42,85 x 4/3)*
. *Charges fixes 57,13 / 0.08 marge unitaire = 714,12 €.*
. *Le seuil de rentabilité est d'environ 714,5 € par commande.*

D/ Un fabricant français de sodas souhaite vendre ses FrenchCola aux Etats-Unis.

Le distributeur américain Fresco commande 2 palettes afin de tester cette nouvelle boisson. Une palette comprend 40 caisses de sodas.

Chaque soda dédicacé par un artiste contemporain est vendu 7€ l'unité. Une caisse de 20kg contient 12 bouteilles. Une bouteille contient 0,75 litre de soda.

Frais d'emballage : une palette coûte 90 €, une caisse 12€ et une bouteille 1,4 €.

Frais de transport : entre 1 et 2 tonnes, 622 € la tonne ; entre 2 et 3 tonnes, 474 € la tonne.

Taux de marge sur coût d'achat du distributeur Fresco : 35%.

TVA aux Etats-Unis pour les boissons sans alcool : 15%.

Droits de douane à l'importation aux Etats-Unis : 33,49 $ par hectolitre pour une production inférieure à 1000 hectolitres.

Taux de change : 1$ = 0.95 €. Un hectolitre = 100 litres.

Quel sera le net à payer par le distributeur américain et le prix public unitaire aux Etats-Unis ?

D/ *Corrigé* :

. *Montant de la commande : 2 palettes de 40 caisses (12 bouteilles par caisse)*

  2 x 40 x 12 = 960 bouteilles x 7 € = 6720 €

. *Frais d'emballage : 2 palettes x 90 € + 80 caisses x 12 € + 960 bouteilles x 1,4 € = 2484 €*

. *Poids total : 80 caisses x 20 kg = 1600 kg (1,6 tonne)*

. *Règle du payant pour : 2 tonnes x 474 € < 1,6 tonne x 622 €. Dans un barème de transport, il est possible de trouver moins cher dans la fourchette de prix immédiatement supérieure. Le*

chargeur peut donc transporter plus de marchandises à un prix plus faible.
La règle du payant pour est toujours à l'avantage du chargeur.
FrenchCola retiendra 2 tonnes à 474 € = 948 €.
. Net à payer par le distributeur américain : 6720 + 2484 + 948 = 10152 €.
. Taux de change : 10152 € = 10686,31 $ (10152/0,95)
. Montant de la revente aux Etats-Unis :10686,31 x 1,35(marge sur coût d'achat) =14426,52 $
. Droits de douane : 33,49 $ x 7,2 hl (960 bouteilles x 0,75 litre = 720 litres soit 7,2 hectolitre)
  = 241,13 $
. TVA à l'importation : 14426,52 + 241,13 = 14667,6 x 1,15 = 16867,7 $
  (Coût total de l'importation, la TVA est payée par l'importateur).
. Prix unitaire d'une bouteille de soda aux Etats-Unis : 16867,7 / 960 = 17,57 $

E/ L'arboriculteur français StarFruits a conclu une vente de 5400 kg de poires avec un importateur norvégien d'Oslo Scandinavian Ltd. Le prix h.t du kilo de poires au départ de StarFruits est de 0.91 €. Transport par camion et assurance : 0,24 € le kg. Droits de douane :0,2 € par kg. Remise de 2% pour toute commande payée comptant. Le net à payer est en dollars américains. 1 € = 1,2 $. Vente en DDP Oslo. Quel est est le net à payer de l'importateur Norvégien qui réglera comptant ?
E/ <u>Corrigé</u> :
. DDP : Delivery Duty Paid, le vendeur doit payer les frais de transport jusqu'à destination chez l'acheteur étranger. Il assume les risques du transport jusqu'au point déterminé avec le client dans le pays d'arrivée.
. Prix de départ : 0,91 x 5400 kg = 4914 €
. Remise 2 % : 4914 – 2% = 4815,72 € (Prix net)

. *Transport/Assurance : 0,24 € x 5400 kg = 1296 €*

. *Droits de douane à l'importation : 0,2 € x 5400 kg = 1080 €*

. *Net à payer en € : 7191,72 €*

.*Net à payer en $: 7191,72 x 1,2 = 8630,06 $.*

Marketing International

- Vendu environ 659 € en France, quel est le coût de fabrication d'un smartphone en Chine : 24 € - 151 € - 436 €.
- Quel le montant moyen des dépenses d'un touriste chinois à Paris par jour et par enseigne :
400 € - 700 € - 1300 €.
- Quelle est la première clientèle touristique des cabarets parisiens : les japonais – les américains – les chinois.
- Les touristes chinois à Paris dépensent par an,
650 millions € - 120 millions € - 210 millions €.
- Les touristes chinois représentent,
  25 % du C.A des Grands Magasins parisiens – 5 % - 90 %.

Vrai – Faux

- Certains tour operator chinois vendent parfois des tickets d'entrée à leurs compatriotes pour Notre-Dame de Paris alors que l'accès est libre et gratuit :
- 80 % du budget d'un touriste chinois à Paris est consacré aux marques de luxe :
- Les touristes chinois à Paris dorment parfois dans les bus des tour operator afin d'économiser sur le budget hôtellerie :
- En face de certains restaurants chinois de Paris, des boutiques Duty Free sont parfois installées afin de capter cette clientèle après les repas :
- Dans le programme de visite d'un tour operator chinois, la visite du Louvre est souvent bouclée en une heure – la Tour Eiffel est simplement prise en photo :
- Quelle était la répartition des grandes puissances mondiales aux périodes suivantes :
.1870 : France – Royaume-Uni – Allemagne
.1973 : Allemagne – U.S.A – Japon

.2010 : Chine – U.S.A – Japon
.2030 (prévisions) : Inde – Chine – U.S.A
- Quel est le classement décroissant des pays les plus riches en PIB par habitant en milliers de dollars :
Suisse – Pays-Bas – Luxembourg – Norvège – Brunei – Etats-Unis – Qatar – Singapour – Emirats Arabes Unis – Hong-Kong.

(Vrai – Faux)
- Un bébé européen sur 10 serait conçu dans un lit de marque suédoise :
- Quelle est la nouvelle diversification des magasins de meubles, les voitures en bois en kit – les ULM en bois en kit – les maisons en bois en kit.
- Le catalogue d'un marchand de meubles suédois est rédigé en,
29 langues – 12 langues – 19 langues.
- Leur catalogue est imprimé à,
35 millions d'exemplaires – 198 millions – 110 millions.
- Leur catalogue est la deuxième publication au monde en nombre d'exemplaires après : le Bottin – la Bible – le Guide Michelin.

(Vrai-Faux)
- A Hong-Kong, un fast food propose un nouveau service : le « Fast Wedding », les futurs époux se marient dans le restaurant et organisent le repas de noces sur place :
- Dans certains magasins de meubles de Pékin, il est possible d'apercevoir des consommateurs chinois qui font leur sieste dans un lit d'exposition ou qui s'installent dans les canapés pour jouer plusieurs heures durant avec leur smartphone :
- Leur cafétéria est souvent occupée par des dizaines de retraités qui s'y donnent rendez-vous pour chercher

l'âme sœur et y consommer un café gratuit pendant une journée entière :

- Un supermarché à Pékin a dû installer les panneaux d'information suivants : « Le rayon jeux et jouets n'est pas une garderie, les enfants ne peuvent y être laissés par leurs parents pendant plusieurs heures » :

- Afin de surfer sur la tendance du « RetailTainment » (animation du point de vente), des supermarchés ont prévu d'ajouter des attractions dans leurs points de vente, spectacles de clown, toboggans géants, combats de sumo :

- Certaines campagnes de bannières publicitaires pour des barres chocolatées sont programmées pour apparaître sur des sites web à l'heure du goûter :

- Le coût d'utilisation des lingettes jetables d'entretien est pour le consommateur quinze fois supérieur au coût d'utilisation de produits traditionnels :

- Les marques de parfum adaptent leurs publicités en fonction de deux zones, le Moyen-Orient (mannequins moins dévêtus et cheveux couverts) et le reste du monde :

- Sur le marché des aliments pour animaux, certains produits sont destinés aux consommateurs dont le chat est considéré comme un substitut d'amant et d'autres pour qui le chat est un animal copain :

- En Europe, les sodas Diet ont été remplacés par Light car le terme Diet évoque des régimes sévères :

- En France, les Fast Food américains multiplient les implantations sur les aires d'autoroute :

- Quel est le classement des paradis fiscaux par ordre décroissant de dépôts bancaires, en milliards de dollars :

Suisse – Luxembourg – Belgique – Hong-Kong – Iles Caïmans – Singapour – Jersey

- Quel est le montant du patrimoine financier détenu par des ménages dans les paradis fiscaux : 2000 milliards d'euros – 5000 - 1200
- Si ces fortunes étaient taxées par leurs Etats respectifs, elles rapporteraient :
120 milliards d'euros chaque année – 30 – 46
- L'année dernière, les services fiscaux des différents pays occidentaux ont récupéré dans certains paradis fiscaux (Suisse, Luxembourg…),
200 millions d'euros – 830 millions – 14 milliards
- Quel est le pays dont 60 % des sportifs de haut niveau résident en Suisse afin de ne pas payer d'impôts dans leur pays d'origine :
- Quel est le pays de l'Union Européenne dont le taux de TVA est le plus élevé :
- Quel est le pays européen dont les résidents les plus fortunés (Armateurs et Clergé) ne payent pas d'impôt :
- Quel port européen a été racheté clés en mains par une banque chinoise :

Marketing International

- Vendu environ 659 € en France, quel est le coût de fabrication d'un smartphone en Chine : *151 €,*
- Quel le montant moyen des dépenses d'un touriste chinois à Paris par jour et par enseigne : *1300 €,*
- Quelle est la première clientèle touristique des cabarets parisiens : *les chinois,*
- Les touristes chinois à Paris dépensent par an, *650 millions €,*
- Les touristes chinois représentent, *25 % du C.A des Grands Magasins parisiens.*

Vrai – Faux
- Certains tour operator chinois vendent parfois des tickets d'entrée à leurs compatriotes pour Notre-Dame de Paris alors que l'accès est libre et gratuit : *Vrai,*
- 80 % du budget d'un touriste chinois à Paris est consacré aux marques de luxe : *Vrai,*
- Les touristes chinois à Paris dorment parfois dans les bus des tour operator afin d'économiser sur le budget hôtellerie : *Faux,*
- En face de certains restaurants chinois de Paris, des boutiques Duty Free sont parfois installées afin de capter cette clientèle après les repas : *Vrai,*
- Dans le programme de visite d'un tour operator chinois, la visite du Louvre est souvent bouclée en une heure – la Tour Eiffel est simplement prise en photo : *Vrai,*
- Quelle était la répartition des grandes puissances mondiales aux périodes suivantes :
.1870 : France (3) – Royaume-Uni (1) – Allemagne (2)
.1973 : Allemagne (3) – U.S.A (1) – Japon (2)
.2010 : Chine (2) – U.S.A (1) – Japon (3)
.2030 (prévisions) : Inde (3) – Chine (1) – U.S.A (2)

- Quel est le classement décroissant des pays les plus riches en PIB par habitant en milliers de dollars :
Suisse (9) – Pays-Bas (10) – Luxembourg (2) – Norvège (4) – Brunei (5) – Etats-Unis (7) – Qatar (1) – Singapour (3) – Emirats Arabes Unis (6) – Hong-Kong (8)

Vrai – Faux

- Un bébé européen sur 10 serait conçu dans un lit de marque suédoise : *Vrai*,
- Quelle est la nouvelle diversification des magasins de meubles, *les maisons en bois en kit*,
- Le catalogue d'un marchand de meubles suédois est rédigé en, *29 langues*,
- Leur catalogue est imprimé à, *198 millions d'exemplaires*,
- Leur catalogue est la deuxième publication au monde en nombre d'exemplaires après : *la Bible*.
- A Hong-Kong, un fast food propose un nouveau service : le « Fast Wedding », les futurs époux se marient dans le restaurant et organisent le repas de noces sur place : *Vrai*,
- Dans certains magasins de meubles de Pékin, il est possible d'apercevoir des consommateurs chinois qui font leur sieste dans un lit d'exposition ou qui s'installent dans les canapés pour jouer plusieurs heures durant avec leur smartphone : *Vrai*,
- Leur cafétéria est souvent occupée par des dizaines de retraités qui s'y donnent rendez-vous pour chercher l'âme sœur et y consommer un café gratuit pendant une journée entière : *Vrai*.
- Un supermarché à Pékin a dû installer les panneaux d'information suivants : « Le rayon jeux et jouets n'est pas une garderie, les enfants ne peuvent y être laissés par leurs parents pendant plusieurs heures » : *Vrai*,
- Afin de surfer sur la tendance du « RetailTainment » (animation du point de vente), des supermarchés ont

prévu d'ajouter des attractions dans leurs points de vente, spectacles de clown, toboggans géants, combats de sumo : *Faux,*

- Certaines campagnes de bannières publicitaires pour des barres chocolatées sont programmées pour apparaître sur des sites web à l'heure du goûter : *Vrai,*

- Le coût d'utilisation des lingettes jetables d'entretien est pour le consommateur quinze fois supérieur au coût d'utilisation de produits traditionnels : *Vrai,*

- Les marques de parfum adaptent leurs publicités en fonction de deux zones, le Moyen-Orient (mannequins moins dévêtus et cheveux couverts) et le reste du monde : *Vrai,*

- Sur le marché des aliments pour animaux, certains produits sont destinés aux consommateurs dont le chat est considéré comme un substitut d'amant et d'autres pour qui le chat est un animal copain : *Vrai,*

- En Europe, les sodas Diet ont été remplacés par Light car le terme Diet évoque des régimes sévères : *Vrai,*

- En France, les Fast Food américains multiplient les implantations sur les aires d'autoroute : *Vrai.*

- Quel est le classement des paradis fiscaux par ordre décroissant de dépôts bancaires, en milliards de dollars, Suisse (5) – Luxembourg (4) – Belgique (7) – Hong-Kong (1) – Iles Caïmans (2) – Singapour (3) – Jersey (6)

- Quel est le montant du patrimoine financier détenu par des ménages dans les paradis fiscaux : *5000 milliards d'euros,*

- Si ces fortunes étaient taxées par leurs Etats respectifs, elles rapporteraient : *120 milliards d'euros chaque année,*

- L'année dernière, les services fiscaux des différents pays occidentaux ont récupéré dans certains paradis fiscaux (Suisse, Luxembourg…),*14 milliards d'euros,*

- Quel est le pays dont 60 % des sportifs de haut niveau résident en Suisse afin de ne pas payer d'impôts dans leur pays d'origine : *La France,*

- Quel est le pays de l'Union Européenne dont le taux de TVA est le plus élevé : *La Hongrie (27%), France (20%), moyenne européenne (21%), Taux de TVA le plus faible (Luxembourg, 17%).*

- Quel est le pays européen dont les résidents les plus fortunés (Armateurs et Clergé) ne payent pas d'impôt : *La Grèce,*

- Quel port européen a été racheté clés en mains par une banque chinoise : *Le Pirée, Athènes.*

Transport-Logistique

(Incoterms)
. A quel incoterm correspondent ces caractéristiques:

a - (Incoterm Multimodal) Les marchandises emballées sont disponibles dans les locaux du vendeur. Toutes les opérations ultérieures pour transporter les marchandises jusque dans ses entrepôts sont à la charge de l'acheteur. Le risque est assumé par l'acheteur dès la prise en charge des marchandises:

b - (Incoterm Maritime) Le dédouanement export et la livraison du conteneur sur le navire sont payés par le vendeur. Le fret maritime, les frais de dockers dans le port d'arrivée et le dédouanement import sont à la charge de l'acheteur. Les risques sont assumés par l'acheteur dès que le conteneur repose sur le navire:

c - (Incoterm Maritime) Le fret maritime, l'assurance du conteneur, le déchargement à l'arrivée sont payés par le vendeur. Du port d'arrivée jusqu'à ses entrepôts, l'acheteur règle tous les frais. Le risque est assumé par l'acheteur dès que les marchandises sont mises à disposition dans le port de départ:

d - (Incoterm Multimodal) Le contrat de transport, le fret principal et le dédouanement export sont payés par le vendeur jusqu'à un lieu déterminé. L'acheteur paye le dédouanement import et les frais de transport jusqu'à ses entrepôts. Dès la prise en charge des marchandises dans le pays d'arrivée, l'acheteur assume le risque:

e - (Incoterm Multimodal) Le contrat de transport, le fret et le dédouanement export sont payés par le vendeur jusqu'à un lieu déterminé. L'acheteur paye le dédouanement import et les frais de transport jusqu'à ses entrepôts. Dès la livraison des marchandises au lieu convenu dans le pays de départ, l'acheteur assume le risque:

f - (Incoterm Multimodal) La livraison des marchandises emballées au transporteur de l'acheteur et le dédouanement export sont payés par le vendeur. Toutes les opérations ultérieures de transport et le dédouanement import sont payés par l'acheteur. Le risque est assumé par l'acheteur dès la remise des marchandises au transporteur de l'acheteur:

. Que signifient les incoterms suivants, en anglais et en français:

- F.C.A:
- D.D.P:
- EXW:
- D.A.P:
- C.I.P:
- C.I.F:
- C.I.P:
- F.A.S:

(Incoterms)
. A quel incoterm correspondent ces caractéristiques:

a-(Incoterm Multimodal) Les marchandises emballées sont disponibles dans les locaux du vendeur. Toutes les opérations ultérieures pour transporter les marchandises jusque dans ses entrepôts sont à la charge de l'acheteur.

Le risque est assumé par l'acheteur dès la prise en charge des marchandises:

Ex Works, Départ Usine.

Un incoterm multimodal signifie que plusieurs types de transports peuvent utiliser cet incoterm (Terre, Air, Mer, Fer). Une rupture de charge correspond à un changement de mode de transport.

b-(Incoterm Maritime) Le dédouanement export et la livraison du conteneur sur le navire sont payés par le vendeur. Le fret maritime, les frais de dockers dans le port d'arrivée et le dédouanement import sont à la charge de l'acheteur. Les risques sont assumés par l'acheteur dès que le conteneur repose sur le navire:

Free on Board, Franco à Bord.

c-(Incoterm Maritime) Le fret maritime, l'assurance du conteneur, le déchargement à l'arrivée sont payés par le vendeur. Du port d'arrivée jusqu'à ses entrepôts, l'acheteur règle tous les frais. Le risque est assumé par l'acheteur dès que les marchandises sont mises à disposition dans le port de départ:

Cost Insurance Freight, Coût Assurance Fret.

d-(Incoterm Multimodal) Le contrat de transport, le fret principal et le dédouanement export sont payés par le vendeur jusqu'à un lieu déterminé. L'acheteur paye le dédouanement import et les frais de transport jusqu'à ses entrepôts. Dès la prise en charge des marchandises dans le pays d'arrivée, l'acheteur assume

le risque: *Delivered at Place, Livré au point convenu.*

e-(Incoterm Multimodal) Le contrat de transport, le fret et le dédouanement export sont payés par le vendeur jusqu'à un lieu déterminé. L'acheteur paye le dédouanement import et les frais de transport jusqu'à ses entrepôts. Dès la livraison des marchandises au lieu convenu dans le pays de départ, l'acheteur assume le risque: *Carriage Paid to, Transport payé jusqu'à.*

f-(Incoterm Multimodal) La livraison des marchandises emballées au transporteur de l'acheteur et le dédouanement export sont payés par le vendeur. Toutes les opérations ultérieures de transport et le dédouanement import sont payés par l'acheteur. Le risque est assumé par l'acheteur dès la remise des marchandises au transporteur de l'acheteur: *Free Carrier, Franco Transporteur.*

.Que signifient les incoterms suivants, en anglais et en français:
 -F.C.A: *Free Carrier – Franco transporteur,*
 -D.D.P: *Delivery Duty Paid – Livré droits de douane acquittés,*
 -EXW: *Ex Works – Départ Usine,*
 -D.A.P: *Delivered at Place – Livré au point de destination déterminé,*
 -C.I.P: *Carriage, Insurance Paid to – Transport payé, assurance incluse jusqu'au point déterminé,*
 -C.I.F: *Cost, Insurance, Freight – Coût, assurance, fret,*
 -C.I.P: *Carriage Paid to – Port payé jusqu'au point déterminé,*
 -F.A.S: *Free Alongside Ship – Franco le long du navire.*

Vrai-Faux
.Les incoterms actuels ont été modifés en 2008:

.11 incoterms sont actuellement utilisés dans le transport international:
.Une entreprise ne peut utiliser un incoterm antérieur à 2010:
.Un incoterm est composé d'un sigle, d'un lieu déterminé et de l'année de référence:
.Incoterm signifie "International Commercial Terminal":
.Incoterm signifie "Conditions Internationales de Vente":
.Les incoterms précisent le partage des risques, le règlement des frais et les obligations administratives:
.Le partage des risques désigne le moment et le lieu déterminé à partir duquel l'acheteur assume les risques:
.DAT, DAP, DDP sont des incoterms Vente Départ:
.EXW, FAS, FCA, FOB, CFR, CIF, CPT et CIP sont des incoterms Vente Arrivée:
.Vente Départ signifie que le vendeur assume les risques jusqu'à la livraison des marchandises dans le pays de départ:
.Vente Arrivée signifie que le vendeur assume les risques jusqu'à la livraison des marchandises dans le pays d'arrivée:
.FAS, FOB, CFR, CIF sont utilisés pour tout mode de transport:
.Certains incoterms peuvent constituer un avantage concurrentiel pour le vendeur puiqu'il peut
ainsi sécuriser le transport des marchandises et respecter des délais de livraison:
.Dans le cas d'un Crédit Documentaire, il vaut mieux éviter les incoterms DAT, DAP, DDP (vente arrivée) qui peuvent retarder les délais de remise des documents de transport (LTA, B.L):
.L'utilisation d'un incoterm dans le transport international n'est pas obligatoire mais vivement recommandée:

.Pour le vendeur, plus il va loin dans sa prestation logistique et plus il pourra répercuter les frais de transport majorés de son taux de marge sur sa facture de vente:

.L'incoterm ne précise pas à quel moment se fait le transfert de propriété entre l'acheteur et le vendeur:

.EXW est réservé pour les échanges intracommunautaires, FCA est réservé pour les échanges internationaux:

.Les compagnies de transport peuvent facturer en plus du fret principal des frais de manutention en fonction des Liner Terms (quai, sous palan, à bord):

.A quelle catégorie d'incoterm correspondent ces affirmations:

a-L'acheteur assume les risques de la partie internationale du transport. L'acheteur devra contacter l'assureur en cas de sinistre ou d'avarie. Huit incoterms sont concernés:

b-Le vendeur assume les risques du fret principal. Trois incoterms sont concernés:

.L'I.C.C, International Chamber of Commerce a établi des listes d'incoterms dès: 1896 – 1936 – 1948

.En cas de cotation logistique avec CPT ou CFR, comment se calcule le montant de l'assurance:

.En cas de cotation logistique avec CIP ou CIF, comment se calcule le montant de l'assurance:

(Vrai-Faux)

.Les incoterms actuels ont été modifés en 2008: *Faux, en 2010.*

.11 incoterms sont actuellement utilisés dans le transport international: *Vrai.*

.Une entreprise ne peut utiliser un incoterm antérieur à 2010: *Faux, mais il faut préciser l'année.*

.Un incoterm est composé d'un sigle, d'un lieu déterminé et de l'année de référence: *Vrai, CIF New York selon ICC 2010.*

.Incoterm signifie "International Commercial Terminal": *Faux, International Commercial Term.*

.Incoterm signifie "Conditions Internationales de Vente": *Vrai.*

.Les incoterms précisent le partage des risques, le règlement des frais et les obligations administratives: *Vrai.*

.Le partage des risques désigne le moment et le lieu déterminé à partir duquel l'acheteur assume les risques: *Vrai.*

.DAT, DAP, DDP sont des incoterms Vente Départ: *Faux, vente arrivée.*

.EXW, FAS, FCA, FOB, CFR, CIF, CPT et CIP sont des incoterms Vente Arrivée: *Faux, vente départ.*

.Vente Départ signifie que le vendeur assume les risques jusqu'à la livraison des marchandises dans le pays de départ: *Vrai.*

.Vente Arrivée signifie que le vendeur assume les risques jusqu'à la livraison des marchandises dans le pays d'arrivée: *Vrai.*

.FAS, FOB, CFR, CIF sont utilisés pour tout mode de transport: *Faux, uniquement en maritime.*

.Certains incoterms peuvent constituer un avantage concurrentiel pour le vendeur puiqu'il peut ainsi sécuriser le transport des marchandises et respecter des délais de livraison: *Vrai.*

.Dans le cas d'un Crédit Documentaire, il vaut mieux éviter les incoterms DAT, DAP, DDP (vente arrivée) qui peuvent retarder les délais de remise des documents de transport (LTA, B.L):
Vrai, Lettre de transport aérien, Bill of Lading ou Connaissement maritime.

.L'utilisation d'un incoterm dans le transport international n'est pas obligatoire mais vivement recommandée: *Vrai.*

.Pour le vendeur, plus il va loin dans sa prestation logistique et plus il pourra répercuter les frais de transport majorés de son taux de marge sur sa facture de vente: *Vrai.*

.L'incoterm ne précise pas à quel moment se fait le transfert de propriété entre l'acheteur et le vendeur: *Vrai, cette information est précisée dans le contrat commercial.*

.EXW est réservé pour les échanges intracommunautaires, FCA est réservé pour les échanges internationaux: *Faux.*

.Les transporteurs peuvent facturer en plus du fret principal des frais de manutention en fonction des Liner Terms (quai, sous palan, à bord): *Vrai.*

.<u>A quelle catégorie d'incoterm correspondent ces affirmations</u>:

a-L'acheteur assume les risques de la partie internationale du transport. L'acheteur devra contacter l'assureur en cas de sinistre ou d'avarie. Huit incoterms sont concernés:

EXW, FAS, FCA, FOB, CFR, CIF, CPT et CIP

b-Le vendeur assume les risques du fret principal. Trois incoterms sont concernés: *DAT, DAP, DDP*

. L'I.C.C, International Chamber of Commerce a établi des listes d'incoterms dès: *1936*

.En cas de cotation logistique avec CPT ou CFR, comment se calcule le montant de l'assurance:
Faire le calcul directement de l'assurance.

.En cas de cotation logistique avec CIP ou CIF, comment se calcule le montant de l'assurance:*En utilisant la formule de calcul de l'assurance.*

(Transport International)

. Que signifient les abréviations suivantes:
. B.A.F:
. C.A.F:
. T.H.C:
. RO-RO:
. B/L:
. L.T.A:
. A.W.B:
. H.W.B:
. M.A.W.B:
. C.M.R:
. C.I.M:

. <u>Comment caractériser les affirmations suivantes</u>:
 a.Un contrat de transport engage directement deux entreprises:
 b.Un chargeur apporte ses marchandises à un groupeur qui prépare des conteneurs complets
 (air et mer):
 c.Un exportateur loue un navire ou un avion cargo pour une opération de transport:
 d.Un expéditeur utilise ses propres navires ou avions cargo:
.<u>Comment qualifier les auxiliaires de transport suivants</u>:
 a.Organise tous types de transport, surtout par conteneur:
 b.Mandataire autorisé à dédouaner les marchandises pour le compte des chargeurs:
 c.Spécialiste des expéditions portuaires:
 d.Mandataire qui prend en charge les marchandises, les transporte à bord des navires et les réexpédie après déchargement:
 e.Commissionnaire qui récupère des marchandises à l'unité et qui constitue des conteneurs maritimes complets:

f. Commissionnaire qui regroupe des expéditions pour former des palettes complètes à remettre aux compagnies aériennes:

g. Commissionnaire qui constitue des camions complets qu'il se charge ensuite de faire transporter:

. Si le fret est payé au départ par le vendeur avec l'un de ces incoterms: CFR, CPT, CIF, CIP, DAT, DAP ou DDP, il s'agit d'un:
Freight collect – Freight purchased – Freight prepaid

. Si le fret est payé à l'arrivée par l'acheteur avec l'un de ces incoterms: EXW, FCA, FAS ou FOB, il s'agit d'un:
Freight buyer – Freight collect – Freight prepaid.

. Que signifient les abréviations suivantes:

. LCL:
. LCL/LCL:
. FCL/FCL:
. FCL/LCL:
. LCL/FCL:

Transport International

. Que signifient les abréviations suivantes:

.B.A.F: *Bunker Adjustment Factor – anticipation de la hausse des coûts du carburant,*

.C.A.F: *Currency Adjustment Factor – anticipation des fluctuations de taux de change, favorables ou non,*

.T.H.C: *Terminal Handling Charges – coûts des grues et des dockers,*

.RO-RO: *Roll On – Roll Off – Ferry industriel avec tarification au mètre linéaire,*

.B/L: *Bill of Lading – Connaissement maritime,*

.L.T.A: *Lettre de Transport Aérien – Air Way Bill,*

.A.W.B: *Air Way Bill,*

.H.W.B: *House Air Way Bill, remise par le groupeur au chargeur,*

.M.A.W.B: *Master Air Way Bill, remise par le transporteur au groupeur,*
.C.M.R: *Convention des Marchandises par Route, transport routier,*
.C.I.M: *Convention Internationale des Marchandises, transport ferroviaire.*

.<u>Comment caractériser les affirmations suivantes</u>:
a.Un contrat de transport engage directement deux entreprises: *expédition exclusive,*
b.Un chargeur apporte ses marchandises à un groupeur qui prépare des conteneurs complets (air et mer): *groupage,*
c.Un exportateur loue un navire ou un avion cargo pour une opération de transport: *affrètement,*
d.Un expéditeur utilise ses propres navires ou avions cargo: *transport pour compte propre.*

<u>Comment qualifier les auxiliaires de transport suivants</u>:
a.Organise tous types de transport, surtout par conteneur: *Commissionnaire de transport, OTM: opérateur de transport multimodal.*
b.Mandataire autorisé à dédouaner les marchandises pour le compte des chargeurs: *Commissionnaire agréé en douane,*
c.Spécialiste des expéditions portuaires: *Commissionnaire maritime,*
d.Mandataire qui prend en charge les marchandises, les transporte à bord des navires et les réexpédie après déchargement: *Transitaire portuaire,*
e.Commissionnaire qui récupère des marchandises à l'unité et qui constitue des conteneurs maritimes complets: *groupeur maritime,*
f.Commissionnaire qui récupère des marchandises à l'unité et qui constitue des conteneurs aériens complets: *groupeur aérien,*

g. Commissionnaire qui récupère des marchandises à l'unité et qui constitue des camions complets: *groupeur routier*.

.Si le fret est payé au départ par le vendeur avec l'un de ces incoterms: CFR, CPT, CIF, CIP, DAT, DAP ou DDP, il s'agit d'un: *Freight prepaid,*

.Si le fret est payé à l'arrivée par l'acheteur avec l'un de ces incoterms: EXW, FCA, FAS ou FOB, il s'agit d'un: *Freight collect.*

.Que signifient les abréviations suivantes:

.LCL: Less than a container load, groupage dans un conteneur.

.LCL/LCL: Plusieurs fournisseurs, plusieurs clients.

.FCL/FCL: Full container load, conteneur complet, un seul fournisseur, un seul client.

.FCL/LCL: Un seul fournisseur, plusieurs clients.

.LCL/FCL: Plusieurs fournisseurs, un seul client.

(Transport International)
.Un conteneur 20' peut contenir au sol:
12 palettes au sol – 20 – 11 et 18 tonnes de masse chargeable – 22 - 27
.Un conteneur 40' peut contenir au sol:
23 palettes au sol – 26 – 32 et 40 tonnes de masse chargeable – 26 - 22
.Un conteneur 20' mesure environ:
6 mètres de longueur – 8 – 10
.Un conteneur 40' mesure environ:
14 mètres – 12 – 16

.<u>En fonction des règles de Rotterdam</u>, accords signés entre armateurs maritimes en 2009:
 a. quelle est la règle d'équivalence poids/volume:
 b. que signifie "U.P":

c. le poids taxable est-il à l'avantage du transporteur ou du chargeur:

d. en cas de groupage (LCL) le tarif est basé sur:

e. en cas de conteneur complet (FCL), le tarif est basé sur:

. <u>En fonction des règles de Montréal de 1999</u>, accords signés entre transporteurs aériens:

a. quelle est la règle d'équivalence poids/volume et quel est le calcul effectué:

b. le poids taxable est-il à l'avantage du transporteur ou du chargeur:

c. quel tarif est appliqué:

d. comment sont présentés les tarifs:

e. quelle règle est utilisée en fonction de la tranche de prix immédiatement supérieure:

f. comment se nomme le poids forfaitaire qui peut induire des frais en plus:

. <u>En fonction des accords entre transporteurs routiers ratifiés à Genève en 1956</u>, la Convention

Marchandises Route (CMR):

a. quelle est la règle d'équivalence poids/volume et quel est le calcul effectué:

b. le poids taxable est-il à l'avantage du transporteur ou du chargeur:

. <u>En fonction de la convention de Berne de 1890</u> et la Convention Internationale sur le Transport des Marchandises (CIM):

. le prix dépend de plusieurs critères:

. <u>Un connaissement</u> ou Bill of Lading peut être:

.à personne dénommée (réceptionnaire) – à ordre (du chargeur, d'une banque), au porteur (aucun destinaire mentionné) – à personne.

. <u>Un connaissement</u> est:

.édité en quatre exemplaires originaux par le tansporteur maritime – signé par le capitaine du navire - est parfois utilisé en transport aérien.

.Les mentions sur le connaissement peuvent être:

.on board (marchandises à bord) – clean (marchandises en bon état) – dirty (marchandises abîmées) – very dirty (marchandises en très mauvais état).

. La <u>Lettre de Transport Aérien</u> doit:

.être signée par la compagnie aérienne – porter la date et le numéro de vol – être émise en trois originaux – doit être rédigée en trois langues (Anglais, Français et Allemand).

Transport International

. Un conteneur 20' peut contenir au sol:

11 palettes et 18 tonnes de masse chargeable, le pied est l'unité de mesure aux U.S.A,

. Un conteneur 40' peut contenir au sol:

23 palettes au sol et 26 tonnes de masse chargeable,

. Un conteneur 20' mesure environ:

6 mètres de longueur,

. Un conteneur 40' mesure environ:

12 mètres,

. <u>En fonction des règles de Rotterdam</u>, accords signés entre armateurs maritimes en 2009:

a. quelle est la règle d'équivalence poids/volume: *1 tonne = 1 m3, cotation: volume divisé par 1,*

b. que signifie "U.P": *Unité Payante, à la tonne,*

c. le poids taxable est-il à l'avantage du transporteur ou du chargeur: *Transporteur,*

d. en cas de groupage (LCL) le tarif est basé sur: *l'Unité Payante,*

e. en cas de conteneur complet (FCL), le tarif est basé sur: *un prix forfaitaire au conteneur.*

. En fonction des règles de Montréal de 1999, accords signés entre transporteurs aériens:

a. quelle est la règle d'équivalence poids/volume et quel est le calcul effectué: *1 tonne = 6 m3, cotation: volume divisé par 6,*

b. le poids taxable est-il à l'avantage du transporteur ou du chargeur: *Transporteur,*

c. quel tarif est appliqué: *L'unité de charge ou ULD (Unit Load Device), poids au kg,*

d. comment sont présentés les tarifs: *Dans un barème dégressif avec un tarif minimum,*

e. quelle règle est utilisée en fonction de la tranche de prix immédiatement supérieure: *règle du "Payant pour",*

f. comment se nomme le poids forfaitaire qui peut induire des frais en plus: *"poids pivot".*

. En fonction des accords entre transporteurs routiers ratifiés à Genève en 1956, la Convention Marchandises Route (CMR):

a. quelle est la règle d'équivalence poids/volume et quel est le calcul effectué: *1 tonne = 3 m3 ou 1 m3 = 250 kg ou au mètre plancher, cotation: volume/3,*

b. le poids taxable est-il à l'avantage du transporteur ou du chargeur: *Transporteur.*

. En fonction de la convention de Berne de 1890 et la Convention Internationale sur le Transport des Marchandises (CIM):

. le prix dépend de plusieurs critères: *le tonnage transporté, le kilométrage, la nature de la marchandise, la vitesse demandée.*

. Un connaissement ou Bill of Lading peut être:

.à personne dénommée (réceptionnaire) – à ordre (du chargeur, d'une banque), au porteur (aucun destinaire mentionné),

. Un connaissement est:

.édité en quatre exemplaires originaux par le tansporteur maritime – signé par le capitaine du navire,

. <u>Les mentions sur le connaissement peuvent être:</u>
.on board (marchandises à bord) – clean (marchandises en bon état) – dirty (marchandises abîmées),

. <u>La Lettre de Transport Aérien doit:</u>
.être signée par la compagnie aérienne – porter la date et le numéro de vol – être émise en trois originaux.

(Procédures Douanières)
. Pour le calcul des droits de douane ad valorem:

a. À <u>l'importation,</u> il faut utiliser la valeur de la marchandise à l'entrée dans l'U.E;
Quels sont les incoterms de référence:
  . en Maritime:
  . en Aérien:
  . en Routier:

b. À <u>l'exportation,</u> il faut utiliser la valeur de la marchandise à la sortie du territoire national;
Quels sont les incoterms de référence:
  . en Maritime:
  . en Aérien:
  . en Routier:

Vrai-Faux

.La valeur en douane est calculée à partir de la valeur commerciale au premier point d'entrée dans l'U.E:

.La liquidation douanière (Droits de Douane + TVA) n'est opérée qu'à l'importation:

.Toute marchandise entrant dans l'U.E est mise en libre pratique après application des droits de douane:

.Toute marchandise entrant sur le territoire national d'un pays membre de l'U.E donnera lieu à perception de TVA lors de sa vente sur le marché national:

.Il s'agit du régime douanier de Mise à la Consommation:

. Comment se calculent à l'importation:

  . les droits de douane:

  . la taxe sur la valeur ajoutée:

  . Comment la douane intitule les régimes douaniers suivants:

À *l'importation,*

  a.Suspension des droits et taxes si les produits transformés sont destinés à être réexportés:

  b.Marchandises importées soumises à des droits et taxes. Le remboursement des droits et taxes payés peut être demandé si les produits sont exportés définitivement:

À *l'exportation,*

Des produits sortent de l'U.E pour subir une transformation, la Douane appliquera la règle de la taxation différentielle et taxera la plus value étrangère:

  . Comment s'intitulent ces régimes douaniers de transit:

  a.Utilisé dans les échanges entre l'U.E via les pays de l'AELE:

  b.Une marchandise circule entre des bureaux de douane de l'U.E:

  c.Transport routier de marchandises à travers une ou plusieurs frontières, sans vérification systématique et en suspension de droits et taxes:

  d.Stockage sous douane de produits hors U.E en suspension de taxes, perçues progressivement en fonction des ventes sur le territoire national:

(Procédures Douanières)

. Pour le calcul des droits de douane ad valorem:

  a.À l'importation, il faut utiliser la valeur de la marchandise à l'entrée dans l'U.E,

Quels sont les incoterms de référence:

. en Maritime: *valeur CIF port de destination,*
. en Aérien: *valeur CIP premier point d'entrée en U.E,*
. en Routier: *DAT premier point frontière U.E.*

b. À l'exportation, il faut utiliser la valeur de la marchandise à la sortie du territoire national,
Quels sont les incoterms de référence:
. en Maritime: *FOB port de départ,*
. en Aérien: *FCA aéroport de départ,*
. en Routier: *FCA frontière française.*

(Vrai-Faux)
.La valeur en douane est calculée à partir de la valeur commerciale au premier point d'entrée dans l'U.E: *Vrai, il faudra parfois ajouter ou soustraire des frais suivant l'incoterm utilisé et le coefficient retenu.*

.La liquidation douanière (Droits de Douane + TVA) n'est opérée qu'à l'importation: *Vrai,*

.Toute marchandise entrant dans l'U.E est mise en libre pratique après application des droits de douane: *Vrai,*

.Toute marchandise entrant sur le territoire national d'un pays membre de l'U.E donnera lieu à perception de TVA lors de sa vente sur le marché national: *Vrai,*

.Il s'agit du régime douanier de Mise à la Consommation: *Vrai,*

.Comment se calculent à l'importation:
.les droits de douane: *valeur de la marchandise à l'entrée dans l'U.E, application des droits de douane en pourcentage (TEC: tarif extérieur commun).*

.la taxe sur la valeur ajoutée: *valeur de la marchandise à l'entrée de l'U.E + Droits de Douane + post acheminement, application du taux de TVA.*

.Comment la douane intitule les régimes douaniers suivants:

À l'importation,

a. Suspension des droits et taxes si les produits transformés sont destinés à être réexportés: *perfectionnement actif suspensif.*

b. Marchandises importées soumises à des droits et taxes. Le remboursement des droits et taxes payés peut être demandé si les produits sont exportés définitivement: *perfectionnement actif rembours.*

À l'exportation,

Des produits sortent de l'U.E pour subir une transformation, la Douane appliquera la règle de la taxation différentielle et taxera la plus value étrangère: *Perfectionnement passif.*

.Comment s'intitulent ces régimes douaniers de transit:

a. Utilisé dans les échanges entre l'U.E via les pays de l'AELE: *Transit communautaire interne,*

b. Une marchandise circule entre des bureaux de douane de l'U.E: *Transit communautaire externe,*

c. Transport routier de marchandises à travers une ou plusieurs frontières, sans vérification systématique et en suspension de droits et taxes: *Transit International Routier,*

d. Stockage sous douane de produits hors U.E en suspension des taxes, perçues progressivement en fonction des ventes sur le territoire national: *Entrepôt sous douane.*

Culture Economique

(Vrai-Faux)
- 1 % des Américains les plus riches s'est partagé l'an dernier 93 % du revenu créé :
- Ce 1 % le plus fortuné possède plus du tiers de la richesse nationale :
- Alors que le revenu de 99 % des Américains n'a augmenté que de 15 % ces trente dernières années, ce 1 % a augmenté le sien de 150 % :
- Les 400 contribuables les plus riches se partagent 5 % des dividendes des U.S.A :
- La richesse des 3 hommes les plus riches des U.S.A représente plus de 150 milliards de dollars, soit le déficit public de la France chaque année :
- Un milliardaire américain a proposé de racheter le musée du Louvre et Air France afin de réduire la dette de l'Etat français :
- Le chiffre d'affaires de la plus grande entreprise américaine est équivalent au PIB de la France :
- Un Pdg américain gagne en moyenne plus de 300 fois le salaire d'un employé de base :

<u>Le saviez-vous</u> :
- Quels sont les taux de chômage des pays suivants :

Japon	13,6 %
Pays Bas	6,3 %
Allemagne	18,1 %
Suède	9,9 %
Royaume Uni	8,6 %
Etats Unis	6,3 %
Italie	3,5 %
France	3,1 %
Zone Euro	3,3 %
Grèce	2,4 %

Espagne   3,7 %

- Quel pays de l'Union Européenne dont le nombre annuel des naissances a diminué de moitié depuis 1965 aura perdu un cinquième de ses habitants en 2060 :

- Quel pays européen a 1,3 million de postes vacants en raison d'une pénurie de main d'œuvre :

- Quel est le taux de fécondité en Allemagne :

- La planète compte 7,5 milliards d'êtres humains, 3 milliards d'internautes et 4 milliards d'utilisateurs de téléphone mobile:

- Dans l'Union Européenne, les fraudes à la TVA s'élèvent à 120 milliards d'euros, soit 17 % du montant de la collecte:

- En 2030, sur 8 milliards d'habitants, 6 milliards habiteront à la campagne:

- La Chine représente 49 % de la production mondiale d'acier brut, pour 15 % en 1999:

- Valeur moyenne totale des joueurs sur le terrain pour un match de première division en Espagne:

- Dans les vingt prochaines années, le nombre de passagers à bord des avions sera divisé par deux:

- 90 % des échanges financiers mondiaux sont réalisés en dollars:

- Dans le Top 20 international des universités, 18 sont américaines:

- Le principal moteur de recherche américain détient 90 % de la part du marché mondial:

- Le budget américain de la Défense s'élève à 495 milliards de dollars:

Réponses

- 1 % des Américains les plus riches s'est partagé l'an dernier 93 % du revenu créé : *Vrai,*
- Ce 1 % le plus fortuné possède plus du tiers de la richesse nationale : *Vrai,*
- Alors que le revenu de 99 % des Américains n'a augmenté que de 15 % ces trente dernières années, ce 1 % a augmenté le sien de 150 % : *Vrai,*
- Les 400 contribuables les plus riches se partagent 5 % des dividendes des U.S.A : *Vrai,*
- La richesse des 3 hommes les plus riches des U.S.A représente plus de 150 milliards de dollars, soit le déficit public de la France chaque année : *Vrai,*
- Un milliardaire américain a proposé de racheter le musée du Louvre et Air France afin de réduire la dette de l'Etat français : *Faux,*
- Le chiffre d'affaires de la plus grande entreprise américaine est équivalent au PIB de la France : *Faux, Belgique.*
- Un Pdg américain gagne en moyenne plus de 300 fois le salaire d'un employé de base : *Vrai.*

Le saviez-vous :
- Quels sont les taux de chômage des pays suivants : *(chiffres 2021)*

Japon	*2,4 %*
Pays Bas	*3,3 %*
Allemagne	*3,1 %*
Suède	*6,3 %*
Royaume-Uni	*3,7 %*
Etats Unis	*3,5 %*
Italie	*9,9 %*
France	*8,6 %*
Zone Euro	*6,3 %*
Grèce	*18,1 %*

Espagne   13,6 %

- Quel pays de l'Union Européenne dont le nombre annuel des naissances a diminué de moitié depuis 1965 aura perdu un cinquième de ses habitants en 2060 : *Allemagne,*
- Quel pays européen a 1,3 million de postes vacants en raison d'une pénurie de main d'œuvre : *Allemagne,*
- Quel est le taux de fécondité en Allemagne : *1,2 enfant par femme.*
- La planète compte 7,5 milliards d'êtres humains, 3 milliards d'internautes et 4 milliards d'utilisateurs de téléphone mobile: *Vrai,*
- Dans l'Union Européenne, les fraudes à la TVA s'élèvent à 120 milliards d'euros, soit 17 % du montant de la collecte: *Vrai,*
- En 2030, sur 8 milliards d'habitants, 6 milliards habiteront à la campagne: *Faux, dans les villes,*
- La Chine représente 49 % de la production mondiale d'acier brut, pour 15 % en 1999: *Vrai,*
- Valeur moyenne totale des joueurs sur le terrain pour un match de première division en Espagne: *1,3 milliard de dollars,*
- Dans les vingt prochaines années, le nombre de passagers à bord des avions sera divisé par deux: *Faux, multiplié par deux,*
- 90 % des échanges financiers mondiaux sont réalisés en dollars: *Vrai,*
- Dans le Top 20 international des universités, 18 sont américaines: *Vrai,*
- Le principal moteur de recherche américain détient 90 % de la part du marché mondial: *Vrai,*
- Le budget américain de la Défense s'élève à 495 milliards de dollars: *Vrai.*

Culture Economique

(Vrai-Faux)

.Les pays développés et les zones prospères des pays en développement représentent moins de 20 % de la population mondiale:

.Les constructeurs de voitures de luxe allemands vendent plus de véhicules en Chine qu'en Allemagne:

.Au Bangladesh, des téléphones cellulaires sont loués pour chaque appel:

.Certains producteurs de produits d'hygiène utilisent des camions publicitaires en Inde afin de montrer des films de promotion pour le brossage des dents:

.Au Mexique et au Chili, des résidences sont construites avec des containers de transport maritime:

.La Nova fut un échec en Amérique du Sud car cette marque signifiait localement "Ne Marche Pas":

.La MR2 fut un échec en France en raison de la signification de la marque:

.En Egypte, le fromage en portions est vendue à l'unité dans des épiceries de quartier, chaque portion vaut quelques centimes:

.Les grands avionneurs ont dû créer des Joint Venture avec des entreprises locales afin de s'implanter en Chine:

.Pour vendre ses véhicules au Brésil, les constructeurs européens doivent utiliser des moteurs "Flex-Fuel" afin d'utiliser le bio carburant local à base de canne à sucre:

.Certaines compagnie aériennes brésiliennes, volent avec des bio carburants:

(Le Saviez-Vous ?)

. Pourquoi une publicité avec un clown blanc ne serait pas recommandée au Japon :

. Les producteurs de produits d'entretien ont vendu très peu de cire pour les sols au Japon car,

-la couleur marron du produit porte malheur,
  -le produit contient des produits chimiques dangereux,
  -les japonais ne portent pas de chaussures chez eux et ne cirent pas leur sol.
. Les producteurs de plats industriels n'ont pas réussi à vendre de préparation pâtissières au Japon car,
  -les japonais ne mangent pas de patisserie,
  -seuls 3 % des foyers japonais sont équipés d'un four,
  -les japonais n'aiment pas faire de patisserie.
. Des fast food proposent :
. du riz et des Brocolis à Hong Kong / du pain de seigle en Finlande / du caribou au Canada.
- En moyenne, un appartement dans le centre de Londres se loue 10.000 euros par mois pour un 3 pièces et 30.000 euros par mois pour une maison:
- Un appartement à Londres est 150 % plus cher qu'à Paris:
- En termes de prix de l'immobilier, New York est la ville la plus chère du monde:
- Les 67 personnes les plus fortunées dans le monde possèdent autant de richesses que la moitié la plus pauvre de la population mondiale:

Culture Economique

(Vrai-Faux)

.Les pays développés et les zones prospères des pays en développement représentent moins de 20 % de la population mondiale: *Vrai,*

.Les constructeurs de voitures de luxe allemands vendent plus de véhicules en Chine qu'en Allemagne: *Vrai,*

.Au Bengladesh, des téléphones cellulaires sont loués pour chaque appel: *Vrai,*

.Certains producteurs de produits d'hygiène utilisent des camions publicitaires en Inde afin de montrer des films de promotion pour le brossage des dents: *Vrai,*

.Au Mexique et au Chili, des résidences sont construites avec des containers de transport maritime: *Vrai,*

.La Nova fut un échec en Amérique du Sud car cette marque signifiait localement Ne Marche Pas: *Vrai,*

.La MR2 fut un échec en France en raison de la signification de la marque: *Vrai,*

.En Egypte, le fromage en portions est vendue à l'unité dans des épiceries de quartier, chaque portion vaut quelques centimes: *Vrai,*

.Les grands avionneurs ont dû créer des Joint Venture avec des entreprises locales afin de
s'implanter en Chine: *Vrai,*

.Pour vendre ses véhicules au Brésil, les constructeurs européens doivent utiliser des moteurs "Flex-Fuel" afin d'utiliser le bio carburant local à base de canne à sucre: *Vrai,*

.Certaines compagnie aériennes brésiliennes, volent avec des bio carburants: *Faux.*

(Le Saviez-Vous ?)

. Pourquoi une publicité avec un clown blanc ne serait pas recommandée au Japon :
Car le maquillage blanc évoque la mort.
. Les producteurs de produits d'entretien ont vendu très peu de cire pour les sols au Japon car,
  -la couleur marron du produit porte malheur,
  -le produit contient des produits chimiques dangereux,
  -les japonais ne portent pas de chaussures chez eux et ne cirent pas leur sol.
. Les producteurs de plats industriels n'ont pas réussi à vendre de préparation pâtissières au Japon car,
  -les japonais ne mangent pas de patisserie,
  -seuls 3 % des foyers japonais sont équipés d'un four,
  -les japonais n'aiment pas faire de patisserie.
. Des fast food proposent :
.du riz et des Brocolis à Hong Kong / du pain de seigle en Finlande / du caribou au Canada.
-En moyenne, un appartement dans le centre de Londres se loue 10.000 Euros par mois pour un 3 pièces et 30.000 Euros par mois pour une maison: *Vrai,*
-Un appartement à Londres est 150 % plus cher qu'à Paris: *Vrai,*
-En termes de prix de l'immobilier, New York est la ville la plus chère du monde: *Faux, Londres.*
-Les 67 personnes les plus fortunées dans le monde possèdent autant de richesses que la moitié la plus pauvre de la population mondiale: *Vrai.*

Jeux de Géographie

Corrigé

. En partant du bas de l'Afrique : Afrique du Sud : Le Cap, Johannesbourg – Madagascar : Antananarivo – La Réunion : Saint Denis – Zambie : Lusaka – Tanzanie : Dar Es Salaam – Kenya : Nairobi – Somalie : Mogadiscio – Ethiopie : Adis Abeba – Soudan : Khartoum– Egypte : Le Caire – Libye : Tripoli – Tunisie : Tunis – Algérie : Alger – Maroc : Casablanca – Sénégal : Dakar – Mali : Bamako – Niger : Niamey – Tchad : N'Djamena – Côte d'Ivoire : Abidjan – Cameroun : Yaoundé – Gabon : Libreville – Congo : Brazaville – Ex Zaire (RDC) : Kinshasa – Angola : Luanda.

. Asie : en partant du bas de l'Asie du Sud Est : Malaisie : Kuala Lumpur – Viet Nam : Ho Chi Minh-Ville, Hanoï – Thaïlande : Bangkok – Birmanie (Myanmar) : Rangoon – Inde : Calcutta, Bombay (Mumbaï), New Delhi – Sri Lanka (Ceylan) : Colombo – Pakistan : Karachi – Afghanistan : Kaboul – Chine : Hong Kong, Shangaï, Pékin – Mongolie : Oulan-Bator – Corée du Sud : Séoul – Japon : Tokyo.

. Amériques : en partant du bas de l'Amérique du Sud : Chili : Santiago – Argentine : Buenos Aires – Uruguay : Montevideo – Paraguay : Asuncion – Bolivie : La Paz – Brésil : Sao Paulo, Rio de Janeiro, Brasilia, Manaus – Pérou : Lima – Equateur : Quito – Colombie : Bogota – Venezuela : Caracas – Guyane : Kourou.

. Mexique : Mexico – U.S.A : Los Angeles, San Francisco, Houston, Dallas, Nouvelle Orléans, Miami, Chicago, Washinton, NewYork, Boston.

Eastern United-States

Corrigé. En partant du Nord Est des Etats-Unis : Maine, New Hampshire, Vermont, Massachussets, Connecticut, New York, Pensylvannie, West Virginia, Virginie, North Carolina, South Carolina, Géorgie, Floride, Alabama, Mississipi, Louisiane, Arkansas, Missouri, Illinois, Indiana, Kentucky, Tennessee, Ohio.

Corrigé. En partant du Nord Ouest des Etats-Unis : Washington, Oregon, Idaho, Montana, Wyoming, North Dakota, South Dakota, Nebraska, Kansas, Oklahoma, Texas, Nouveau Mexique, Arizona, Californie, Nevada, Utah, Colorado.

Grande-Bretagne
Villes – Régions – Îles ?

Corrigé. En partant du Sud Est de l'Angleterre : Plymouth, Devon, Dorset, Southampton, Sussex, Brighton, Kent, Tamise, Londres, Oxford, Essex, Cambridge, Birmingham, Norfolk, Sheffield, Liverpool, Lancaster, Glasgow, Edimbourg.

Corrigé. Allemagne, en partant du bas de la carte : Munich, Bade Wurtemberg, Stuttgart, Danube, Bavière, Nuremberg, Sarre, Rhin, Thuringe, Cologne, Düsseldorf, Rhénanie, Leipzig, Brandebourg, Hanovre, Basse Saxe, Brême, Hambourg, Berlin.

Espagne – Villes – Régions – Îles ?

Corrigé. Espagne, en partant du bas de la carte : Gibraltar, Costa del Sol, Malaga, Grenade, Séville, Extremadura, Alicante, Castille, Valence, Palma de Majorque, Madrid, Valladolid, Saragosse, Catalogne, Barcelone, Navarre, Pampelune, Galice, Gijón.

Corrigé. Italie, en partant du bas de la carte : Catane, Palerme, Naples, Campanie, Latium, Rome, Tibre, Toscane, Florence, Arno, Ravenne, Bologne, Gênes, Piémont, Turin, Pô, Milan, Lombardie, Venise.

Culture Européenne

EN ALLEMAGNE,

1/ L'Allemagne est le premier pays exportateur au monde :
2/ Les allemands utilisent toujours le DeutschMark pour les paiements par chèque :
3/ Les Allemands cuisinent la pomme de terre de 300 façons différentes :
4/ Lors d'une invitation à dîner, il est recommandé d'apporter un paquet de saucisses :

EN GRANDE-BRETAGNE,

1/ Les anglais boivent plus de bière que d'eau du robinet :
2/ La Reine Elizabeth II est la seule milliardaire à ne pas payer l'impôt sur la fortune :
3/ Le plat préféré des anglais sont les haricots rouges avec de la confiture de menthe :
4/ Le Fromage est servi au début du repas :

AUX PAYS-BAS,

1/ Il est interdit de circuler à vélo après 22 h :
2/ A 16 heures, les enfants mangent un hareng frais au lieu du goûter traditionnel :
3/ Dans les grandes villes, on ne circule qu'à vélo :
4/ Les femmes mariées ne souhaitent pas porter le nom de leur mari :

EN GRECE,

1/ Pour dire oui, les Grecs font non de la tête et

pourdire non, ils secouent la tête de haut en bas :
2/ La Grèce est le pays européen le plus visité par les touristes étrangers :
3/ Les Grecs sont les premiers mangeurs de fromage en Europe :
4/ En Grèce, les salaires sont payés tous les trois mois :

EN ESPAGNE,
1/ Pour les Espagnols, les enfants ne naissent pas dans les choux mais à Paris :
2/ Lors d'une corrida, il ne faut jamais porter de rouge
3/ L'Espagne est le plus grand producteur d'oranges du monde :

EN IRLANDE,
1/ 86 % des irlandais se considèrent comme croyants et assistent au moins une fois par semaine à un service religieux :
2/ Une liaison aérienne spéciale relie Dublin à la ville sainte de Lourdes :
3/ Le divorce et l'avortement sont interdits en Irlande :

Culture Européenne

EN ALLEMAGNE,

1/ L'Allemagne est le premier pays exportateur au monde : *Vrai, en chiffre d'affaires,*

2/ Les allemands utilisent toujours le DeutschMark pour les paiements par chèque : *Faux,*

3/ Les Allemands cuisinent la pomme de terre de 300 façons différentes : *Vrai,*

4/ Lors d'une invitation à dîner, il est recommandé d'apporter un paquet de saucisses : *Faux, un bouquet de fleurs mais sans emballage.*

EN GRANDE-BRETAGNE,

1/ Les anglais boivent plus de bière que d'eau du robinet : *Faux,*

2/ La Reine Elizabeth II est la seule milliardaire à ne pas payer l'impôt sur la fortune : *Faux,*

3/ Le plat préféré des anglais sont les haricots rouges avec de la confiture de menthe : *Vrai,*

4/ Le Fromage est servi au début du repas : *Faux, après le dessert*

.

AUX PAYS-BAS,

1/ Il est interdit de circuler à vélo après 22 h : *Faux,*

2/ A 16 heures, les enfants mangent un hareng frais au lieu du goûter traditionnel : *Vrai,*

3/ Dans les grandes villes, on ne circule qu'à vélo : *Faux,*

4/ Les femmes mariées ne souhaitent pas porter le nom de leur mari : *Vrai.*

EN GRECE,

1/ Pour dire oui, les Grecs font non de la tête et pour dire non, ils secouent la tête de haut en bas : *Vrai,*

2/ La Grèce est le pays européen le plus visité par les touristes étrangers : *Faux, c'est la France,*

3/ Les Grecs sont les premiers mangeurs de fromage en Europe : *Vrai,*

4/ En Grèce, les salaires sont payés tous les trois mois : *Faux.*

EN ESPAGNE,

1/ Pour les Espagnols, les enfants ne naissent pas dans les choux mais à Paris : *Vrai,*

2/ Lors d'une corrida, il ne faut jamais porter de rouge : *Faux, c'est le jaune,*

3/ L'Espagne est le plus grand producteur d'oranges du monde : *Vrai.*

EN IRLANDE,

1/ 86 % des irlandais se considèrent comme croyants et assistent au moins une fois par semaine à un service religieux : *Vrai,*

2/ Une liaison aérienne spéciale relie Dublin à la ville sainte de Lourdes : *Vrai,*

3/ Le divorce et l'avortement sont interdits en Irlande : *Faux.*

En Europe, le paradis serait que les policiers soient anglais, les cuisiniers français, les mécaniciens allemands, les amants italiens et le tout organisé par les suisses.

En Europe, l'enfer serait que les cuisiniers soient ……………..., les mécaniciens ……………., les amants ………………., les policiers ……………...et le tout organisé par les ……………..

Corrigé
En Europe, l'enfer serait que les cuisiniers soient anglais, les mécaniciens français, les amants suisses, les policiers allemands et le tout organisé par les italiens.

Le Saviez-vous ?
-Quel est le plus petit pays de l'Union :

-Quelle est la région d'Europe la plus riche :

-Quel est le point le plus à l'ouest de l'Union Européenne :

-Quel est le seul pays de l'Union qui n'a aucune frontière commune avec un autre état membre :

-Quelles îles françaises, espagnoles et portugaises font partie de l'Union Europénne :

-Quels sont les pays dont le coq fait,

.kikeriki :

.Cocorocco :

.Koukouroukou :

.Kukekulu :

.Chichirichi :

.Cocorico :

.Cock-a-doodle-doo :

-Mis à part les onze langues officielles de l'Union Européenne, plus de 50 langues régionales sont utilisées - quels pays utilisent ces langues :

.Catalan :

.Galicien :

.Basque :

.Gaélique :

.Letzebuergesh :

.Galois :

-Les fleurs sont les symboles nationaux de la Grande-Bretagne - quelles sont les fleurs qui symbolisent :

.l'Angleterre :

.l'Ecosse :

.le Pays de Galles :

-Que représente le cercle fermé de douze étoiles dorées du drapeau de l'Union Européenne :

-Quelle est l'origine du mot "Europe" :

-En grec, que signifie le mot "Europe" :

-Dans la mythologie grecque, que désignait le mot "Europe" :

-Quelle est la date anniversaire de l'Union Européenne :

-Quelle est la devise de l'Union Européenne :

-Quelle est la superficie de l'Union Européenne

.9 373 000 km2

.3 235 000 km2

.378 000 km2

-Quelle est la densité (habitants au km2) de la

population de l'Union Européenne :
  .31 - 117 - 333.

-Quelles sont les trois capitales administratives de l'Union Européenne :
-Quel européen célèbre est mort à Maastricht :
  .Rembrandt
  .d'Artagnan
  .Peter Stuyvesant
-Quel est l'Etat le plus vaste de l'Union Européenne :
-Dans quel pays les écoliers pouvaient subir légalement des chatiments corporels :
  .la France
  .le Portugal
  .l'Irlande
-La population des USA est supérieure à celle de l'Union
-Le PIB par habitant des USA est inférieur à celui de l'Union :
-Le nombre de voitures pour 100 habitants aux USA est supérieur à celui de l'Union :
-Le nombre de médecins pour 100 000 habitants aux USA est nettement inférieur à celui de l'Union :
- Pays qui compte le plus de divorces :
- Pays qui compte le moins de divorces :
- Pays qui passe le plus de temps devant la télévision :
- Pays qui passe le moins de temps devant la télévision :
<u>Le Saviez-vous ?</u>
-Quel est le plus petit pays de l'Union : *Malte,*

-Quelle est la région d'Europe la plus riche : *l'Ile de France*,

-Quel est le point le plus à l'ouest de l'Union Européenne : *la Guadeloupe*,

-Quel est le seul pays de l'Union qui n'a aucune frontière commune avec un autre état membre : *Malte*.

-Quelles îles françaises, espagnoles et portugaises font partie de l'Union Européenne : *France : Guadeloupe, Martinique, Mayotte, La Réunion – Espagne : Canaries, Baléares – Portugal : Açores, Madeire.*

-Quels sont les pays dont le coq fait

  .kikeriki : *Allemagne,*

  .Cocorocco : *Portugal,*

  .Koukouroukou : *Grèce,*

  .Kukekulu : *Pays-Bas,*

  .Chichirichi : *Italie,*

  .Cocorico : *France,*

  .Cock-adoodle-doo : *Grande Bretagne.*

-Mis à part les onze langues officielles de l'Union Européenne, plus de 50 langues régionales sont utilisées.

- quels pays utilisent ces langues :

  .Catalan : *Espagne, France,*

  .Galicien : *Espagne,*

  .Basque : *Espagne, France,*

  .Gaélique : *Irlande, Ecosse,*

  .Letzebuergesh : *Luxembourg,*

.Galois : *Grande Bretagne.*

- Les fleurs sont les symboles nationaux de la Grande-Bretagne - quelles sont les fleurs qui symbolisent :
 .l'Angleterre : *la rose,*
 .l'Ecosse : *le chardon,*
 .le Pays de Galles : *le narcisse et le poireau.*
- Que représente le cercle fermé de douze étoiles dorées du drapeau de l'Union Européenne : *le chiffre 12 est synonyme de perfection,*
- Quelle est l'origine du mot "Europe" : *du Phénicien « ereb » qui signifiait « occident »,*
- En grec, que signifie le mot "Europe" : *« les grands yeux »,*
- Dans la mythologie grecque, que désignait le mot "Europe" : *une déesse phénicienne enlevée par le dieu Zeus.*
- Quelle est la date anniversaire de l'Union Européenne : *le 9 mai.*
- Quelle est la devise de l'Union Européenne : *L'unité dans la diversité,*
- Quelle est la superficie de l'Union Européenne :
 .9 373 000 km2   (Etats-Unis)
 .3 235 000 km2   (U.E)
 .378 000 km2   (Japon)
- Quelle est la densité (habitants au km2) de la population de l'Union Européenne :
 .31   (Etats-Unis) *.117*   (U.E) .333   (Japon)
- Quelles sont les trois capitales administratives de l'Union Européenne : *Bruxelles, Strasbourg, Luxembourg,*

- Quel européen célèbre est mort à Maastricht :

  .Rembrandt

  .d'Artagnan

  .Peter Stuyvesant

- Quel est l'Etat le plus vaste de l'Union Européenne : *Le Danemark (Groenland inclus),*

- Dans quel pays les écoliers pouvaient subir légalement des chatiments corporels :

  .la France

  .le Portugal

  .l'Irlande

- La population des USA est supérieure à celle de l'Union : *Faux (350 millions),*

- Le PIB par habitant des USA est inférieur à celui de l'Union : *Faux,*

- Le nombre de voitures pour 100 habitants aux USA est supérieur à celui de l'Union : *Vrai,*

- Le nombre de médecins pour 100 000 habitants aux USA est nettement inférieur à celui de l'Union : *Vrai.*

- Pays qui compte le plus de divorces : *Estonie,*

- Pays qui compte le moins de divorces : *Italie,*

- Pays qui passe le plus de temps devant la télévision : *Hongrie,*

- Pays qui passe le moins de temps devant la télévision : *Luxembourg.*

Culture Européenne

- Un chômeur français peut aller dans n'importe quel Etat européen pour y rechercher un emploi :
- Un contrat de travail écrit est obligatoire pour tout salarié européen :
- Tout salarié d'une entreprise européenne doit disposer chaque jour d'au moins onze heures de repos consécutif :
- La France est le pays de l'Union dont le taux de TVA est le plus élevé :
- Les professions libérales sont autorisées à s'installer dans n'importe quel pays de l'Union :
- Les artisans tels que les coiffeurs, réparateurs auto ou commerçants n'ont pas le droit de s'installer librement dans l'Union Européenne :
- L'harmonisation du prix du tabac entraînera une augmentation de 20 % pour les cigarettes vendues en France :
- En Belgique et en Hollande, les cigarettes sont vendues aux caisses des supermarchés :
- En Grande-Bretagne, les cigarettes sont vendues dans des distributeurs automatiques :
- Le tabac entraîne la mort de 500 000 européens chaque année :
- En France, la vitesse sur autoroute devrait être prochainement réduite à 120 Km/h :
- Les phares blancs sont obligatoires pour toutes les voitures neuves de l'Union :
- Le permis de conduire français est valable dans toute l'Union :
- Un français peut ouvrir un compte bancaire dans n'importe quel pays européen :

- Les chèques français en Euro sont acceptés sans commission dans toute l'Union :
- La Banque Centrale Européenne est installée à Francfort :
- La Suisse fait désormais partie de l'Union Européenne :
- Tous les diplômes BAC + 2 et en dessous sont reconnus dans toute l'Union :
- En cas de difficulté dans un pays lointain, un français peut bénéficier de l'assistance diplomatique d'une ambassade italienne ou d'un consulat britannique :
- Depuis 1994, tout ressortissant de l'Union peut voter en France aux municipales :
- Les Européens les plus nombreux en France sont les Allemands :
- En Grec, "Euro" signifie "grosse vache" :
- L'harmonisation des diplômes en Europe a permis de créer trois niveaux : Licence, Master, Doctorat :
- Le programme d'échange Erasmus permet chaque année à 25.000 étudiants européens de suivre des études dans un autre pays de l'Union :
- L'Euro a remplaçé la livre sterling en Grande-Bretagne:
- Il est possible de payer en Euro à Londres :
- Depuis deux ans, l'Euro est sous évalué par rapport au dollar :
- L'Euro pourrait remplacer le dollar comme monnaie de référence pour l'achat de pétrole :

- Un chômeur français peut aller dans n'importe quel Etat européen pour y rechercher un emploi : *Vrai,*
- Un contrat de travail écrit est obligatoire pour tout salarié européen : *Vrai,*
- Tout salarié d'une entreprise européenne doit disposer chaque jour d'au moins onze heures de repos consécutif : *Vrai,*
- La France est le pays de l'Union dont le taux de TVA est le plus élevé : *Faux,*
- Les professions libérales sont autorisées à s'installer dans n'importe quel pays de l'Union : *Vrai,*
- Les artisans tels que les coiffeurs, réparateurs auto ou commerçants n'ont pas le droit de s'installer librement dans l'Union Européenne : *Faux,*
- L'harmonisation du prix du tabac entraînera une augmentation de 20 % pour les cigarettes vendues en France : *Vrai,*
- En Belgique et en Hollande, les cigarettes sont vendues aux caisses des supermarchés : *Vrai,*
- En Grande-Bretagne, les cigarettes sont vendues dans des distributeurs automatiques : *Vrai,*
- Le tabac entraîne la mort de 500 000 européens chaque année : *Vrai,*
- En France, la vitesse sur autoroute devrait être prochainement réduite à 120 Km/h : *Faux,*
- Les phares blancs sont obligatoires pour toutes les voitures neuves de l'Union : *Vrai,*
- Le permis de conduire français est valable dans toute l'Union : *Vrai,*
- Un français peut ouvrir un compte bancaire dans n'importe quel pays européen : *Vrai,*
- Les chèques français en Euro sont acceptés sans

commission dans toute l'Union : *Faux*,
- La Banque Centrale Européenne est installée à Francfort : *Vrai*,
- La Suisse fait désormais partie de l'Union Européenne: *Faux*,
- Tous les diplômes BAC + 2 et en dessous sont reconnus dans toute l'Union : *Vrai*,
- En cas de difficulté dans un pays lointain, un français peut bénéficier de l'assistance diplomatique d'une ambassade italienne ou d'un consulat britannique : *Vrai*,
- Depuis 1994, tout ressortissant de l'Union peut voter en France aux municipales : *Vrai*,
- Les Européens les plus nombreux en France sont les Allemands : *Faux (Portugais)*
- En Grec, "Euro" signifie "grosse vache" : *Vrai*,
- L'harmonisation des diplômes en Europe a permis de créer trois niveaux : Licence, Master, Doctorat : *Vrai*,
- Le programme d'échange Erasmus permet chaque année à 25.000 étudiants européens de suivre des études dans un autre pays de l'Union : *Vrai*,
- L'Euro a remplacé la livre sterling en Grande-Bretagne: *Faux*,
- Il est possible de payer en Euro à Londres : *Vrai*,
- Depuis deux ans, l'Euro est sous évalué par rapport au dollar : *Faux*,
- L'Euro pourrait remplacer le dollar comme monnaie de référence pour l'achat de pétrole : *Faux*.

Négociation Internationale

(Vrai-Faux)

-Avoir un comportement monochronique signifie que le temps est considéré comme linéaire, on ne fait qu'une seule chose à la fois - la communication est directe, organisée et détaillée :

-Les Scandinaves sont plutôt monochroniques :

-Les Méditérranéens sont de tendance monochronique :

-En Espagne et en Italie, les comportements sont souvent polychroniques - le temps est pluridimensionnel :

-La notion de l'incertitude varie selon les pays - les pays musulmans sont plutôt fatalistes, les occidentaux sont plus anxieux face à un futur incertain :

-Lors d'un premier contact d'affaires, les suédois utilisent le tutoiement et les prénoms :

-En Amérique du Sud, seuls les dirigeants ont le pouvoir de négocier :

-Au Japon, il faut enlever ses chaussures dans les lieux publics et particulièrement dans un supermarché :

- Au Japon, dans les relations d'affaires, on ne se serre pas la main et on évite de se rapprocher des ses interlocuteurs :

-Aux U.S.A, il est courant d'offrir des cadeaux à ses clients :

-En Asie, les cadeaux d'affaires sont fréquents et recommandés :

-En Suède, les réunions commencent toujours en retard :

-Au Mexique ou en Arabie Saoudite, arriver à l'heure semblerait trés surprenant :

-Au Royaume-Uni, l'engagement verbal a valeur juridique :

-Au niveau international, les contrats sont souvent rédigés en anglais - le droit anglo-saxon sert de référence - chaque cas particulier doit être notifié :

A quel négociateur correspondent ces comportements et attitudes :

- Expression claire et ferme, peu de concessions, pas de relation d'amitié, seul le résultat compte, exposé logique, structuré, étayé par des chiffres, des faits et des références.

- Sens de la fierté et de l'honneur, modestie plus que l'affirmation de soi, adepte du marchandage, apprécie les relations interpersonnelles, peu de travail en groupe.

- Réserve et self control, non expression des émotions, discrétion sur la vie personnelle et privée, goût prononcé pour l'humour et l'autodépréciation, prédominance de l'oral sur l'écrit, adepte du droit coutumier.

- Ecrit professionnels prioritaires avec formules de politesse complexes, méconnaissance des langues étrangères, communication indirecte, souvent intransigeant, adepte des débats et des raisonnements.

Négociateur Français, Anglais, Espagnol ou Allemand ?

Marketing International

<u>Grande-Bretagne</u> (Vrai-Faux) :

-L'Angleterre, record des pluies en Europe, est le pays qui compte le plus de voitures décapotables :
-Les Britanniques expliquent souvent que Dieu a créé, dans un moment lyrique, le plus beau pays du monde : la France. Puis, par souci d'équilibre, il y a mis lesfrançais :
-Pendant la seconde guerre mondiale, le toit d'une épicerie londonniene fut touché par un missile V1 allemand. Le lendemain, l'épicier afficha ce panneau "Plus ouvert que jamais" :
-Phrase célèbre d'un philosophe européen : "Les continentaux pensent que la vie est un jeu ; les anglais, eux, pensent que le cricket est un jeu !"
-Chaque année, à Birmingham, se déroulent les championnats internationaux de la course d'escargots :
-Dans le métro londonien, les siéges rouges sont réservés aux anglais et les strapontins bleus aux touristes :
-Les célèbres bus rouges à deux étages vont être remplacés par des tramway à trois étages :
-Lors du "tea time", on verse toujours le lait avant le thé:
-Un Anglais ne trempe jamais ses toasts dans son thé :
-Afin de parfumer leur thé, les Anglais y ajoutent souvent du vin ou du whisky :
-Les Anglaises détiennent le record d'Europe de la consommation d'alcool :
-On ne serre jamais la main d'un Anglais, sauf quand on le voit la première fois :

Communication Internationale
Le Saviez-vous ?

- Aux U.S.A, sur les 560 messages publicitaires qu'un américain reçoit par jour, combien en retient-il : 2 - 72 - 9 - Aucun.
- D'après une enquête du marché publicitaire américain, quel est le pourcentage des budgets dépensés en pure perte : 40 % - 20 % - 98 %.
- Qui a dit "Je sais que la moitié de mon budget de publicité ne sert à rien mais le problème, c'est que je ne sais pas laquelle" : Henri Ford - Louis Renault - Léon Bel.
- Un magasin autrichien de prêt à porter promit en plein hiver d'offrir un bon d'achat de 370 euros aux 5 premiers clients qui se présenteraient nus.
Combien se présentèrent : 2 000 - 2 - Aucun - 70.
- Une doctrine célèbre du marketing international est :
  ."Think global, act local",
  ."Think local, act global",
  ."Think local, act local".
- Quel est le premier pays exportateur mondial :
- Quel est le pays le plus endetté au monde :
- Quel est le pourcentage des exportations françaises à destination de l'Europe :
- Quel est le premier client et le premier fournisseur de la France :
- Classer par ordre décroissant ces pays clients de la France :
U.S.A - Allemagne - Benelux - Royaume-Uni - Espagne - Italie.
- Classer ces Etats par ordre décroissant (en % des exportations mondiales) : U.S.A - Union Européenne - Japon.

Négociation Internationale

(Vrai-Faux)

-Avoir un comportement monochronique signifie que le temps est considéré comme linéaire, on ne fait qu'une seule chose à la fois - la communication est directe, organisée et détaillée : *Vrai,*
-Les Scandinaves sont plutôt monochroniques : *Vrai,*
Les Méditérranéens sont de tendance monochronique : *Faux,*
-En Espagne et en Italie, les comportements sont souvent polychroniques :
-Le temps est pluridimensionnel : *Vrai,*
-La notion de l'incertitude varie selon les pays - les pays musulmans sont plutôt fatalistes, les occidentaux sont plus anxieux face à un futur incertain : *Vrai,*
-Les occidentaux sont plus anxieux face à un futur incertain : *Vrai,*
-Lors d'un premier contact d'affaires, les suédois utilisent le tutoiement et les prénoms : *Vrai,*
-En Amérique du Sud, seuls les dirigeants ont le pouvoir de négocier : *Vrai,*
-Au Japon, il faut enlever ses chaussures dans les lieux publics et particulièrement dans un supermarché *Faux,*
- Au Japon, dans les relations d'affaires, on ne se serre pas la main et on évite de se rapprocher des ses interlocuteurs : *Vrai,*
- Aux U.S.A, il est courant d'offrir des cadeaux à ses clients : *Faux,*
- En Asie, les cadeaux d'affaires sont fréquents et recommandés : *Vrai,*
- En Suède, les réunions commencent toujours en retard : *Faux,*

- Au Mexique ou en Arabie Saoudite, arriver à l'heure semblerait trés surprenant : *Vrai,*
-Au Royaume-Uni, l'engagement verbal a valeur juridique : *Vrai,*
-Au niveau international, les contrats sont souvent rédigés en anglais - le droit anglo-saxon sert de référence - chaque cas particulier doit être notifié : *Vrai.*

<u>A quel négociateur correspondent ces comportements et attitudes</u> :
- Expression claire et ferme, peu de concessions, pas de relation d'amitié, seul le résultat compte, exposé logique, structuré, étayé par des chiffres, des faits et des références. *(Allemand)*

- Sens de la fierté et de l'honneur, modestie plus que l'affirmation de soi, adepte du marchandage, apprécie les relations interpersonnelles, peu de travail en groupe. *(Espagnol)*

- Réserve et self control, non expression des émotions, discrétion sur la vie personnelle et privée, goût prononcé pour l'humour et l'autodépréciation, prédominance de l'oral sur l'écrit, adepte du droit coutumier. *(Anglais)*

- Ecrit professionnels prioritaires avec formules de politesse complexes, méconnaissance des langues étrangères, communication indirecte, souvent intransigeant, adepte des débats et des raisonnements. *(Français)*

Marketing International

<u>Grande-Bretagne</u> (Vrai-Faux) :

-L'Angleterre, record des pluies en Europe, est le pays qui compte le plus de voitures décapotables : *Vrai,*

-Les Britanniques expliquent souvent que Dieu a créé, dans un moment lyrique, le plus beau pays du monde : la France. Puis, par souci d'équilibre, il y a mis les français : *Vrai,*

-Pendant la seconde guerre mondiale, le toit d'une épicerie londonniene fut touché par un missile V1 allemand. Le lendemain, l'épicier afficha ce panneau "Plus ouvert que jamais" : *Vrai,*

-Phrase célèbre d'un philosophe européen : "Les continentaux pensent que la vie est un jeu ; les anglais, eux, pensent que le cricket est un jeu !" : *Vrai,*

-Chaque année, à Birmingham, se déroulent les championnats internationaux de la course d'escargots : *Faux,*

-Dans le métro londonnien, les siéges rouges sont réservés aux anglais et les strapontins bleus aux touristes : *Faux,*

-Les célèbres bus rouges à deux étages vont être remplacés par des tramway à trois étages : *Faux,*

-Lors du "tea time", on verse toujours le lait avant le thé: *Vrai,*

-Un Anglais ne trempe jamais ses toasts dans son thé : *Vrai,*

-Afin de parfumer leur thé, les Anglais y ajoutent souvent du vin ou du whisky : *Faux,*

-Les Anglaises détiennent le record d'Europe de la consommation d'alcool : *Vrai,*

-On ne serre jamais la main d'un Anglais, sauf quand on le voit la première fois : *Vrai.*

Communication Internationale

Le Saviez-vous ?

-Aux U.S.A, sur les 560 messages publicitaires qu'un américain reçoit par jour, combien en retient-il : 2 - 72 - *9* - Aucun.

-D'après une enquête du marché publicitaire américain, quel est le pourcentage des budgets dépensés en pure perte : 40 % - 20 % - *98 %*.

-Qui a dit "Je sais que la moitié de mon budget de publicité ne sert à rien mais le problème, c'est que je ne sais pas laquelle" : *Henri Ford* - Louis Renault - Léon Bel.

-Un magasin autrichien de prêt à porter promit en plein hiver d'offrir un bon d'achat de 370 euros aux 5 premiers clients qui se présenteraient nus.

Combien se présentèrent : 2 000 - 2 - Aucun - *70*.

-Une doctrine célèbre du marketing international est :

."*Think global, act local*",

."Think local, act global",

."Think local, act local".

-Quel est le premier pays exportateur mondial : *Allemagne (en chiffre d'affaires)*,

-Quel est le pays le plus endetté au monde : *Etats-Unis,*

-Quel est le pourcentage des exportations françaises à destination de l'Europe : *80 %*,

-Quel est le premier client et le premier fournisseur de la France : *l'Allemagne,*

-Classer par ordre décroissant ces pays clients de la France :

U.S.A (6) - Allemagne (1) - Benelux (5) - Royaume-Uni (4) - Espagne (2) - Italie (3).

-Classer ces Etats par ordre décroissant (en % des exportations mondiales) :

U.S.A (2) - Union Européenne (1) - Japon (3).

Culture Internationale

(Vrai-Faux)

-En Inde et en Chine, le taux de garçons peut atteindre 130 pour 100 filles :

-En Corée du Sud, à la troisième naissance, ce taux est de 190 garçons pour 100 filles :

-En Inde, pour des questions d'hérédité (le fils est celui qui hérite), de survie du patronyme et de la pratique de la dot, l'avortement et l'abandon des bébés filles peut se produire :

-Afin de combatre ces coûtumes, le gouvernement indien pourrait offrir deux vélos à chaque famille qui garde les bébés filles :

-Au rythme actuel, 36 millions d'indiens ne trouveront jamais d'épouses :

-Les Sud Coréens font déjà venir leurs épouses du Viet-Nam :

-Dicton chinois : "Un garçon stupide vaut mieux qu'une fille astucieuse" :

-Dicton indien : "Elever une fille, c'est comme arroser le jardin de son voisin" :

-Dicton Canadien : "La Femme est l'avenir de l'homme":

-Dicton Coréen : "Une fille mariée, c'est comme de l'eau jetée" :

-400 000 américains meurent chaque année de maladies liées à l'excés de poids :

-Aux U.S.A, les salades sont parfois vendues deux fois

plus cher que les hamburgers :

- Records du monde :
 .Les quatre plus grands pays en km2 :
 .Les deux plus petits pays en km2 :
 .Les quatre pays les plus peuplés :
 .Le pays le moins peuplé :
 .Le pays avec la densité la plus forte par habitant au km2 :
 .Le pays avec la densité la plus faible par habitant au km2 :
 .Le plus grand pays du continent américain :
 .Le plus grand pays du continent asiatique :
 .Le plus grand pays du continent africain :
 .Le pays le plus peuplé d'Afrique :

- Capitale - Pays ?

.Séoul, Rangoon, Pretoria, Lomé, Harare, Abuja, Nouackchott, Nairobi, Monrovia,

.Djakarta, Riyad, Dhaka, Vientiane, Malé, Mascate, Colombo, Taipei, Hanoi, Sanaa.

Culture Internationale (2)

(Vrai-Faux)

-En Inde et en Chine, le taux de garçons peut atteindre 130 pour 100 filles : *Vrai,*

-En Corée du Sud, à la troisième naissance, ce taux est de 190 garçons pour 100 filles : *Vrai,*

-En Inde, pour des questions d'hérédité (le fils est celui qui hérite), de survie du patronyme et de la pratique de la dot, l'avortement et l'abandon des bébés filles peut se produire : *Vrai,*

-Afin de combatre ces coûtumes, le gouvernement indien pourrait offrir deux vélos à chaque famille qui garde les bébés filles : *Faux,*

-Au rythme actuel, 36 millions d'indiens ne trouveront jamais d'épouses : *Vrai,*

-Les Sud Coréens font déjà venir leurs épouses du Viet-Nam : *Vrai,*

-Dicton chinois : "Un garçon stupide vaut mieux qu'une fille astucieuse" : *Vrai,*

-Dicton indien : "Elever une fille, c'est comme arroser le jardin de son voisin" : *Vrai,*

-Dicton Canadien : "La Femme est l'avenir de l'homme": *Faux,*

-Dicton Coréen : "Une fille mariée, c'est comme de l'eau jetée" : *Vrai,*

-400 000 américains meurent chaque année de maladies liées à l'excés de poids : *Vrai,*

-Aux U.S.A, les salades sont parfois vendues deux fois plus cher que les hamburgers : *Vrai.*

- <u>Records du monde</u> :

.Les quatre plus grands pays en km2 : *Russie, Canada, Chine, Brésil,*

.Les deux plus petits pays en km2 : *Vatican, Monaco,*

.Les quatre pays les plus peuplés : *Chine, Inde, USA, Indonésie,*

.Le pays le moins peuplé : *Vatican (860 habitants),*

.Le pays avec la densité la plus forte par habitant au km2 : *Monaco,*

.Le pays avec la densité la plus faible par habitant au km2 : *Mongolie,*

.Le plus grand pays du continent américain : *Canada,*

.Le plus grand pays du continent asiatique : *Chine,*

.Le plus grand pays du continent africain : *Algérie,*

.Le pays le plus peuplé d'Afrique : *Nigéria.*

- <u>Capitale - Pays</u> ?

.Séoul, Rangoon, Pretoria, Lomé, Harare, Abuja, Nouackchott, Nairobi, Monrovia,

.*Corée du Sud, Birmanie (Myanmar), Afrique du Sud, Togo, Zimbabwe, Nigeria, Mauritanie, Kenya, Liberia.*

.Djakarta, Riyad, Dhaka, Vientiane, Malé, Mascate, Colombo, Taipei, Hanoi, Sanaa.

.*Indonésie, Arabie Saoudite, Bangladesh, Laos, Maldives, Oman, Sri Lanka, Taiwan, Viêt-Nam, Yémen.*

Etudes de Cas

Cas de Marketing International

Travail en binôme, préparation sur P.C.

« France Export »

1/ Présenter dans un tableau détaillé les principales raisons des difficultés de la France et des entreprises françaises dans la conquête de marchés à l'étranger.

2/ Quels sont les facteurs clés du succès des entreprises françaises qui s'implantent et se développent à l'exportation ?

3/ En fonction de la presse économique et de recherches sur internet, cibler un pays étranger et proposer un produit ou service français à exporter en justifiant vos choix.

4/ Afin d'encourager les entreprises françaises à vendre plus à l'étranger, préparer un diaporama publicitaire (4 diapos minimum) vantant les avantages de l'exportation.

Cas de Marketing International

Travail en binôme.

« Distributeur sur Internet »

1/ A l'aide d'une matrice d'Ansoff et du tableau Générique de Porter, expliquer les choix et les risques de la stratégie internationale d'un « Distributeur sur Internet ».

2/ Expliquer dans un tableau les forces et les faiblesses marketing des dernières diversifications commerciales d'un « Distributeur sur Internet » en précisant leurs chances de succès sur le marché français.

3/ A l'aide de la matrice des 7 S de Mac Kinsey, proposer des recommandations détaillées à la Direction générale d'un « Distributeur sur Internet ».

4/ Afin d'améliorer l'image de marque d'un « Distributeur sur Internet » en Europe, proposer un événement à but humanitaire organisé par l'entreprise. Rédiger en anglais l'affiche publicitaire vantant cette opération.

Cas de Marketing International

Travail collectif.

« Transporteur Maritime »

1/ Expliquer dans une matrice SWOT et dans un schéma Forces de Porter la situation commerciale actuelle d'un « transporteur maritime ».

2/ Quels sont les facteurs clés du succès des 3 principaux concurrents d'un « transporteur maritime » (détailler vos réponses dans un tableau) ?

3/ Afin de promouvoir un porte conteneur géant, « un transporteur maritime » vous demande de composer une annonce publicitaire (1 page Quadri) qui sera diffusée dans la presse économique, ainsi qu'un diaporama diffusé sur leur site internet.

4/ Afin de répondre aux questions des transitaires et exportateurs, une plateforme téléphonique dédiée à un « transporteur maritime » est mise en place. Proposer dans un tableau 6 objections et 6 réponses en anglais concernant ces services maritimes.

« **Import-Export** »

1/ Sur un seul schéma, illustrant les différentes étapes de transport, placer à deux reprises les Incoterms Multimodaux : en Rouge en termes de risques, en Bleu en termes de frais.

2/ Sur un seul schéma, illustrant les différentes étapes de transport, placer à deux reprises les Incoterms Maritimes : en Rouge en termes de risques, en Bleu en termes de frais.

3/ Expliquer dans un tableau les clauses particulières des Incoterms suivants : EXW/FCA – FOB – CIP/CIF – DAT.

4/ Quels sont les incoterms concernés par les notions de « Freight Prepaid » et « Freight Collect » ? Justifiez votre réponse avec des schémas.

5/ Expliquer dans un tableau détaillé les avantages et les inconvénients de chaque mode de transport.

Du Même Auteur

La Vie Epatante de l'Agent Secret Duchemin – Tome 1
Il Faut Sauver l'Agent Secret Duchemin – Tome 2
Agent Secret Duchemin – Mission Lune – Tome 3
Au Temps en Emporte l'Agent Duchemin – Tome 4
Le Fabuleux Destin de l'Agent Duchemin – Tome 5
Agent Secret Duchemin – En Avant Mars – Tome 6
Agent Secret Duchemin – A Mars Forcée – Tome 7
Agent Secret Duchemin - Un Héros Français -Tome 8
Agent Secret Duchemin-Opération Rédemption-Tome 9

Agent Secret Duchemin - Trilogie N°1 - Tomes 1-2-3
Agent Secret Duchemin - Trilogie N°2 - Tomes 4-5-6
Agent Secret Duchemin - Trilogie N°3 - Tomes 7-8-9

L'Effarante Aventure de Brian Tabernak – Tome 1
L'Incroyable Attaque de l'Agent Tabernak – Tome 2
La Terrible Traque de l'Equipe Tabernak – Tome 3
L'Equipe Tabernak Contre-Attaque – Tome 4
L"Epopée Tabernak - Tomes 1-2-3-4

Des Agents pas très Secrets – Opération Esturgeon
Des Agents pas très Secrets – Mission Caméléon
Des Agents pas très Secrets - Maudite Météorite
Des Agents pas très Secrets - Trilogie N°1 - Tomes 1-2-3

Constantin Dumoulin – Panique sous les Tropiques
Constantin Dumoulin – Branle-Bas de Combat aux USA
Constantin Dumoulin – Secret Fatal au Lac Baïkal
Constantin Dumoulin - Trilogie N°1 - Tomes 1-2-3

Robin Dubois – Sans Froid ni Loi – Tome 1
Robin Dubois – Espion malgré moi – Tome 2
La Saga Robin Dubois - Tomes 1-2

The Exciting Life of Secret Agent Duchemin – Volume 1
The Amazing Adventure of Brian Tabernak – Volume 1
The Incredible Attack of Agent Tabernak – Volume 2
The Tabernak Trilogy - Volumes 1-2-3

Quiz de Marketing – Tome 2
Quiz de Marketing International
Quiz de Management Commercial
Best of Quiz Marketing

Comment s'autopublier en une journée ?

Marketing Quiz
Marketing Calculations